Stephen Greenblatt
Die Erfindung der Intoleranz

HISTORISCHE GEISTESWISSENSCHAFTEN
FRANKFURTER VORTRÄGE

Herausgegeben von
Bernhard Jussen und Julika Griem

Band 11

Stephen Greenblatt

Die Erfindung der Intoleranz

Wie die Christen von Verfolgten zu Verfolgern wurden

Aus dem Englischen
von Tobias Roth

WALLSTEIN VERLAG

Bibliografische Information der Deutschen Nationalbibliothek
Die Deutsche Nationalbibliothek verzeichnet diese
Publikation in der Deutschen Nationalbibliografie;
detaillierte bibliografische Daten sind im Internet
über http://dnb.d-nb.de abrufbar.

© Wallstein Verlag, Göttingen 2019
www.wallstein-verlag.de
Vom Verlag gesetzt aus der Stempel Garamond
Umschlaggestaltung: Susanne Gerhards, Düsseldorf
Druck und Verarbeitung: Friedrich Pustet, Regensburg
ISBN 978-3-8353-3575-2

I.

Gegen Ende des 2. Jahrhunderts nach Christus gönnen sich drei junge, seit langer Zeit gut miteinander befreundete Männer eine Pause von der Arbeit an den Gerichten Roms und gehen am nahe gelegenen Strand von Ostia, dem geschäftigen Hafen der Stadt, spazieren. Einer der drei, Minucius Felix, wird sich die Unterhaltungen, die sie an diesem Tag geführt haben, später wieder vergegenwärtigen und sie zu dem reich ausgestalteten Dialog *Octavius* verarbeiten. Das Werk überlebte die Launen der Zeit in einem einzigen Manuskript, das 1543 wiederentdeckt wurde. Es war ein Tag im Frühherbst, erinnert er sich, die sengende Hitze des Sommers hatte endlich nachgelassen, und die Freunde genossen die leichte Brise am Meer, das Plätschern der Wellen und das angenehme Gefühl des weichen Sandes, der unter ihren nackten Füßen knirschte. Während sie so am Wasser entlanggingen, bemerkte einer von ihnen, Caecilius, eine Statue des Serapis, einer beliebten griechisch-ägyptischen Sonnengottheit, führte die Hand zum Mund und warf ihr einen Kuss zu (*manum ori admovens osculu, labiis pressit*[1]). Die drei setzten ihren Weg fort, erzählten sich Geschichten, hatten ihre Freude an dem Wasser, das ihre Füße umspielte, und beobachteten lächelnd einige kleine Jungen, die in ein Spiel vertieft waren, das bis heute – das können meine Kinder und ich bezeugen – nichts von seinem Reiz verloren hat.

Dieses Spiel besteht darin, einen runden, von den Wogen glatt polierten Stein, den man vom Strande aufgelesen hat, flach in die Finger zu nehmen und ihn, gebückt und

---

[1] Minucius Felix: *Octavius*. Lat./Dt. Hg., übers. und eingeleitet von Bernhard Kytzler. München (Kösel) 1965, S. 44 = 2:4.

nahe am Boden, soweit wie möglich über die Wogen hinsausen zu lassen. Das Wurfgeschoß gleitet entweder bei geringem Schwunge oben auf der Meeresoberfläche dahin oder es schneidet die Wellenkämme und schnellt aufblitzend in vielen Sprüngen in die Höhe. Als Sieger gilt bei den Jungen der, dessen Stein am weitesten geflogen und am häufigsten in die Höhe gesprungen ist.[2]

Caecilius aber lächelte nicht mehr. Er schien plötzlich schweigsam, eingeschüchtert und zurückgezogen (*tacens, anxius, segregatus*[3]), auf seinem Gesicht zeigte sich, dass er ungewöhnlich verstimmt war. Auf Minucius' Frage hin, was um Himmels willen denn los sei, antwortete er, er grübele über etwas nach, was ein paar Minuten zuvor Octavius, der Dritte in der Runde, gesagt hatte. Als Caecilius der Statue des Gottes eine Kusshand zugeworfen hatte, hatte sich Octavius an Minucius gewandt und bemerkt, dass es nicht richtig sei, einen Freund »wie das ungebildete Volk in Blindheit«[4] im Stich zu lassen (*in hac inperitiae vulgaris caecitate deserere*) und zuzusehen, wie »er sich an einem so strahlenden Tage mit Steinen abgibt, mögen sie auch von Künstlerhand geformt und gesalbt und mit Kränzen geschmückt sein.«[5] Obwohl er diese Worte zu Minucius gesprochen hatte, galten sie doch offenbar Caecilius, und sie trafen ihn. Sie warfen ein denkbar scharfes Licht auf den schmerzvollen Riss, der durch den fröhlichen Freundeskreis verlief: Octavius und Minucius waren beide Christen, Caecilius nicht.

Was sollte der Unterschied schon sein, ob man nun den einen Gott vorzieht oder den anderen? In der langen Ge-

---

2 Ebd., S. 49 = 3:6.
3 Ebd., S. 48 = 4:1.
4 Ebd., S. 47 = 3:1.
5 Ebd., S. 47 = 3:1.

schichte Roms hatte es bis zu diesem Zeitpunkt fast keinen Unterschied gegeben. Hin und wieder waren alte Freundschaften in Verbitterung und Zwietracht zerbrochen, Ehepaare hatten sich zerstritten und Völker waren im Krieg miteinander gelegen – aber nie ging es dabei um religiöse Uneinigkeiten. Wenn du Serapis eine Kusshand zuwerfen wolltest, war das genauso deine Angelegenheit, wie es meine Angelegenheit war, dem Äskulap einen Hahn zu opfern oder am Schrein unten an der Ecke ein Trankopfer für Merkur darzubringen. Man verstand die möglichst große Vielfalt der Frömmigkeiten als durchaus im öffentlichen Interesse der Gemeinschaft: Wenn alle Götter etwas Verehrung empfingen, war es unwahrscheinlich, dass die Stadt bei ihnen in Ungnade fällt.

Doch der Unterschied zwischen der Verehrung des einen oder des anderen Gottes hat in der Erzählung des Minucius Felix ein so großes Gewicht erlangt, dass man für ihn einen schönen Strandspaziergang verderben und einen Freund vor den Kopf stoßen kann. »Wie das ungebildete Volk in Blindheit« ist Kampfvokabular, und das ist umso erstaunlicher und heftiger, als es eine private und geradezu spielerische Geste der Frömmigkeit quittiert. Überraschend aber ist dies nicht nur wegen des bloßen Umstandes, dass religiöse Ansichten auseinandergehen. In der Kultur des Minucius war es ganz und gar nicht ungewöhnlich, im Rahmen eines lockeren Gesprächs unter Freunden bedeutende philosophische Themen anzugehen. Solche literarischen Rahmungen waren vor allem durch die Dialoge Platons berühmt geworden. Sie enthalten oftmals realistische Details des Alltagslebens und führen, ehe man sich versieht, aus dem freundschaftlichen Geplauder des Anfangs zu ausgedehnten Erörterungen.

Aber Caecilius hat mit keinem Wort zu einer Debatte über rituelle Praktiken eingeladen, seien es seine oder die anderer; er hat seine Freunde in keiner Weise genötigt, mit ihm gemeinsam Serapis zu verehren; er hat nicht nach ihrer Meinung bezüglich seines oder ihres Glaubens gefragt; und ganz gewiss hat er keine jener Eröffnungen geliefert, wie sie für gewöhnlich am Anfang der Dialoge Platons stehen:

So ungefähr, mein Lysimachos, steht es nach meiner Ansicht mit dem Eifer für diese Kunst. Wir dürfen aber, wie ich dir gleich anfangs sagte, auch unseren Sokrates nicht bei Seite lassen, sondern müssen ihn bitten, er wolle uns mit seinem Rate beistehen und uns sagen, wie er über den vorliegenden Gegenstand denkt.[6]

Nun, Sokrates, was soll denn das? Hippias hat eben einen so inhaltsreichen Vortrag gehalten, und du schweigst und findest kein Wort sei es des Lobes für das Gesagte, sei es der Widerlegung, wenn er dir etwas nicht Zutreffendes gesagt zu haben scheint?[7]

Kannst du mir sagen, Sokrates, ob die Tugend lehrbar ist? Oder ist sie nicht lehrbar, sondern durch Übung zu erlangen? Oder wird sie den Menschen weder durch Übung noch durch Lehre, sondern von Natur oder sonst irgendwie zuteil?[8]

---

6 Platon: *Laches und Euthyphron*. Übers. und erläutert von Gustav Schneider, hg. von Benno von Hagen. Leipzig (Felix Meiner) 1922, unveränderter Nachdruck Hamburg 2004, S. 23 = 184 St.
7 Platon: *Hippias I/II, Ion*. Übers. und erläutert von Otto Apelt. Leipzig (Felix Meiner) 1935, unveränderter Nachdruck Hamburg 2004, S. 22 = 363 St.
8 Platon: *Menon oder über die Tugend*. Übers. und erläutert von Otto Apelt. Leipzig (Felix Meiner) o.J., unveränderter Nachdruck Hamburg 2004, S. 19 = 70 St.

Caecilius hat nichts anderes getan, als in einer stummen Geste seiner persönlichen Frömmigkeit Ausdruck zu verleihen.

Minucius Felix hat subtil die Spielregeln geändert, oder besser gesagt: Es ist längst kein Spiel mehr. Ein Spiel ist das, womit sich die kleinen Jungen die Zeit vertreiben, die Muscheln oder flache Steine über das Wasser hüpfen lassen und dabei einen Wettstreit austragen, der so bedeutungslos wie vergnüglich ist. Die Steine, die Octavius Sorgen bereiten, sind die gefährlichen Klippen, an denen, so die Befürchtung, Caecilius zerschellen könnte. Freunde lassen es nicht zu, wenn ihre Freunde das tun, was Caecilius gerade getan hat, sagt er zu Minucius, nachdem er Zeuge jener Kusshand geworden ist. Wenn Octavius seine Warnung nicht – wie man es tun würde, wenn ein Freund kurz davor wäre, in eine Grube zu fallen – direkt an Caecilius richtet, dann wohl, weil er begreift, dass er eine Grenze übertritt: Er legt nahe, gegen eine Handlung einzuschreiten, die für gewöhnlich völlig unbemerkt und unbeachtet geblieben wäre.

Die Römer konnten durchaus scharfe Diskussionen über ihre Glaubensgrundsätze und Rituale führen, selbst gute Freunde fanden deutliche Worte für Meinungsverschiedenheiten und machten sich über das lustig, was sie an ihrem Gegenüber als Aberglauben oder Unwissenheit abtaten. »Wenn du ein großes, schönes Haus erblickst«, sagt der Stoiker Balbus in Ciceros *De natura deorum* zu seinem Freund, dem Skeptiker Cotta, »dann könnte dich, auch wenn du seinen Besitzer gar nicht siehst, doch bestimmt nichts zu der Annahme verleiten, es sei für Mäuse oder Wiesel erbaut.«[9] In diesem Sinne, fährt er fort, wenn du

---

9 Cicero: *De natura deorum / Vom Wesen der Götter.* Lat./Dt. Hg., übers. und erläutert von Wolfgang Gerlach und Karl Bayer. München/Zürich (Artemis) 1987, S. 165 = 2:17.

behauptest, dass dieses ausgeklügelte Universum, in dem wir uns befinden, deine Wohnung ist und nicht die der Götter, »würdest du nicht für völlig von Sinnen gehalten werden«?[10] Glaubst du, kontert Cotta ironisch, wirklich all die närrischen Märchen, die über die Anwesenheit der unsterblichen Götter in der Welt erzählt werden, »glaubst du also auch, daß die berühmte Stelle in dem Felsen, die heute noch am See Regillus als Abdruck eines Hufes zu sehen ist, tatsächlich vom Pferde des Kastor stammt?«[11] Cotta behält diese Vorgehensweise bei und nimmt systematisch all die liebgewonnenen Glaubenssätze des Stoikers auseinander, während zwei Randfiguren, Velleius und Cicero selbst, zuhören und die Argumente abwägen.

Minucius Felix war mit Ciceros großem Dialog wohlvertraut, er hat Spuren sowohl im Stil als auch im Inhalt seines *Octavius* hinterlassen. Die altehrwürdige literarische Form weist noch einmal auf die soziale und geistige Welt hin, aus der Minucius und seine Freunde stammten. Aber die grundlegenden Annahmen dieser Welt, wenn sie auch dem Namen nach noch aufrecht standen, begannen bereits zu bröckeln. Der Wandel lässt sich im Vergleich der Schlusspassagen jener beiden Dialoge am besten beobachten. Bei Cicero erreicht der Dialog einen vorläufigen Endpunkt, nachdem Cotta seinen skeptischen Angriff auf den Glauben des Balbus, dass das Universum göttlich geordnet sei, beendet hat. »Etwas zu heftig, lieber Cotta, hast du die Lehre der Stoiker angegriffen, die sie über die Vorsehung der Götter mit so großer Ehrfurcht und Kenntnis aufgestellt haben«[12], sagt Balbus. Aber er macht auch deutlich, dass die Unterhaltung nur zwischenzeitlich ausgesetzt wird:

---

10 Ebd., S. 165 = 2:17.
11 Ebd., S. 357 = 3:11 (leicht modifiziert).
12 Ebd., S. 461 = 3:94.

»Doch weil es nun Abend wird, wirst du uns einen Tag bestimmen, an dem wir unsere Meinung gegen deine hier vorgetragene Ansicht begründen können. Denn ich kämpfe mit dir ja für Altar und Herd, für Tempel und Heiligtümer der Götter [...], und dies alles aufzugeben, solange noch ein Atemzug in mir ist, bedeutet in meinen Augen Frevel.«[13]

Cotta seinerseits erklärt sich zu einer Fortsetzung bereit und gibt zuvorkommend zu, dass nicht alle offenen Fragen abschließend geklärt worden sind.
Darauf entgegnet Cotta:

»Ich wünsche sogar, von dir widerlegt zu werden, mein lieber Balbus, und die von mir besprochenen Fragen habe ich mehr erörtern als endgültig entscheiden wollen, und ich bin sicher, daß du mich leicht widerlegen kannst.«[14]

Auch für die beiden zuhörenden Nebenfiguren sind die Argumente zwar gewichtig, aber eine Lösung zeichnet sich am Ende des Dialoges nicht ab: »Nach diesen Worten trennten wir uns, und zwar so, daß Velleius Cottas Vortrag für zutreffender hielt, während mir die Worte des Balbus der Wahrscheinlichkeit näherzukommen schienen.«[15] Es handelt sich um ein Thema für Streitgespräche, das niemals ein Ende im eindeutigen Sieg für die eine oder die andere Seite finden kann, das macht Cicero deutlich. Ganz im Gegenteil ist es der ganze Zweck der Philosophie, das Nachforschen offen und lebendig zu halten.

13 Ebd., S. 461 = 3:94.
14 Ebd., S. 461 = 3:95.
15 Ebd., S. 463 = 3:95.

Im Werk des Minucius Felix hingegen ist es nur allzu klar, dass der letztendliche Zweck des Textes darin besteht, einen solchen Sieg für eine Seite, nämlich die der Christen, in Szene zu setzen. Hätte der Dialog in einem Unentschieden geendet, wäre das ganze Projekt ein Fehlschlag gewesen. Die beiden Hauptfiguren, der Polytheist Caecilius und der Christ Octavius, erkennen ihre tiefgreifenden Meinungsverschiedenheiten und kommen darin überein, zu diskutieren, bis ein klarer und definitiver Schlusspunkt gefunden ist. Caecilius verkündet: »Deshalb möchte ich weiter darauf eingehen: die Sache muß zwischen mir und Octavius grundsätzlich geklärt werden.«[16] Wie im Dialog Ciceros ist auch hier eine Nebenfigur zugegen, die sich durch den Kopf gehen lässt, was die beiden Seiten vorgebracht haben. Aber bei Cicero, wie wir gerade sahen, gab es zwei Nebenfiguren, und bezeichnenderweise waren sie am Ende uneins darüber, welche Seite sich am besten geschlagen habe. Bei Minucius Felix gibt es nur einen Zeugen, den Autor des Dialoges selbst, an den sich beide Seiten wenden und der entscheiden wird, wer als Sieger aus der Diskussion hervorgeht. Es mag etwas seltsam scheinen, dass der Schiedsrichter im Wettstreit zwischen einem Polytheisten und einem Christen selbst einer der beiden gegensätzlichen Richtungen angehört, aber keiner der Diskutanten nimmt Anstoß an diesem Ungleichgewicht. »Wir setzten uns«, schreibt Minucius Felix, »wie er vorgeschlagen hatte, nieder, und zwar so, daß die beiden sich zu meinen Seiten setzten und mich in die Mitte nahmen. [...] Ich sollte wie ein Schiedsrichter den beiden als Nachbar Gehör schenken können und in der Mitte die beiden Kontrahenten trennen.«[17]

---

16 Minucius Felix: *Octavius*. Lat./Dt. Hg., übers. und eingeleitet von Bernhard Kytzler. München (Kösel) 1965, S. 51 = 4:4.
17 Ebd., S. 51 = 4:6.

Eine der interessanten Eigenschaften der Dialogform, die Minucius Felix verwendet, ist es, dass beiden Seiten Raum gegeben werden muss. (Obwohl der christlichen Position dreimal mehr Platz eingeräumt wird als der gegnerischen, ist es kein Wortwechsel à la »Ja, Sokrates« und »Nein, Sokrates«, wie es bei Platon zuweilen vorkommt.) Der Polytheist, der Serapis eine Kusshand zuwarf, beginnt, seine Position darzulegen, indem er den reifen und maßvollen Standpunkt bezieht, der am Ende von Ciceros *De natura deorum* gestanden hatte. Im Bereich des Menschen, sagt er, »ist alles Wissen unsicher und zweifelhaft und eigentlich immer in der Schwebe, sodass alles nur als wahrscheinlich, nicht als wahr gelten darf (*verisimilia quam vera*)«[18]. In dieser Perspektive sollte niemand dogmatische Aussagen zu Fragen wie dem Sinn des Universums oder der Existenz Gottes machen – Fragen, die bereits seit Jahrhunderten Streitpunkte in zahllosen Schulen der Philosophie gewesen sind. In Anbetracht der Grenzen, an die die Erkenntnis aller Menschen stößt, sollten wir uns mit einem Minimum an Selbsterkenntnis – was schwierig genug ist – zufriedengeben, und uns nicht zu Versuchen hinreißen lassen, die Geheimnisse des Himmels und der Erde zu ergründen.

Aber diese weise Bescheidenheit erweist sich als ein extrem anspruchsvolles Ziel. Unser tollkühner Übermut verführt uns immer wieder dazu, die Grenzen zu überschreiten, um verrückte und unfruchtbare – *insano et inepto* – Spekulationen über das anzustellen, was wir unmöglich mit Gewissheit begreifen können. Zumindest sollten wir, so Caecilius, diese hinfälligen Spekulationen nicht noch durch »gegenstandslose Schreckbilder«[19] verschlimmern. Vielleicht schaffen wir es nicht immer, gibt Caecilius

---

18 Ebd., S. 53 = 5:2.
19 Ebd., S. 55 = 5:6.

zu, unseren unstillbaren Drang, die Himmel zu vermessen, zu zügeln, aber wir müssen uns nicht von ausgedachten Ängsten beherrschen lassen. »Woher dann die religiöse Scheu, woher die Angst, der Aberglaube?«[20] (*unde haec religio, unde formido, quae superstitio est?*).

Dieses Argument ist eine überraschende Eröffnung aus dem Munde desjenigen, dessen kleine Frömmigkeitsgeste die ganze Diskussion ausgelöst hat. Man hätte vielleicht eher eine kleine Ausführung über die Bedeutung des Serapis erwartet; über die mystische Verbindung von Rom mit dem Geist Griechenlands und Afrikas durch diesen Gott, seine Verheißung von Überfluss und Auferstehung, seine besondere Macht über die Unterwelt. Im Rom des späten 2. Jahrhunderts, wo Minucius Felix den *Octavius* schrieb, besaß der Kult des Serapis, eine ptolemäische Adaption des ägyptischen Gottes Osiris, eine bemerkenswerte und wachsende Bedeutung. Auf einem berühmten Tafelgemälde aus dieser Zeit, das sich heute in der Berliner Antikensammlung befindet, ist der Kaiser Septimius Severus – in dessen Herrschaftszeit die Abfassung des Dialoges gefallen sein könnte – mit den Attributen des Serapis dargestellt; sein Sohn und Erbe Caracalla wird die kaiserliche Identifikation mit genau dieser Gottheit fortsetzen.[21] Nichts macht die Bedeutung und die Macht, die diesem Kult zugeschrieben wurde, deutlicher. Als Erweiterung seiner beiläufigen Kusshand hätte der junge Mann umstandslos noch ein Opfer von Räucherwerk und Öl, von mit Narden beträufelten Feigen und einem Paar milchweißer Gänse vorschlagen können.

---

20 Ebd., S. 55 = 5:7.
21 Vgl. Thomas F. Mathews: *The Dawn of Christian Art in Panel Paintings and Icons*. Los Angeles (J. Paul Getty Museum) 2016, S. 10f. und 74-83.

Stattdessen wendet sich Caecilius ganz vom Thema der religiösen Verehrung ab und ihrem radikalen Gegenteil zu. »Denn angenommen«, überlegt er, »die Natur habe im Anfang (*principio*), durch sich selbst befruchtet, die Urkeime aller Dinge hervorgebracht.«[22] »Wer«, fragt er seinen christlichen Freund, »war da der Schöpfergott?«[23] Diese Frage, die sich skeptisch an eine Überzeugung richtet, die viele religiöse Kulte teilen, scheint unmittelbar diejenige Grundüberzeugung herauszufordern, die in den ersten Worten der hebräischen Bibel formuliert ist: »Im Anfang schuf Gott Himmel und Erde.« Der Polytheist bietet eine Alternative für diese Überzeugung an: »Oder gesetzt den Fall, durch zufällige Begegnung seien die Teile des Weltalls zusammengewachsen, geordnet und gestaltet: wer war da der göttliche Baumeister?«[24] Schließlich bewegen wir uns im Bereich der bloßen Spekulation, und es gibt keinen Grund für die Annahme, dass die Welt durch *intelligent design* erschaffen wurde. Ihre Gestalt hätte sie auch durch die zufällige Kombination der Atome erhalten können. Caecilius trägt diese wissenschaftliche Theorie nicht wie eine Gewissheit vor sich her. Für ihn ist es nur eine Hypothese, ein »angenommen« – aber mit bedeutenden Implikationen.

Caecilius trägt die uralte materialistische Ursprungstheorie vor, die bereits Jahrhunderte vor dem Christentum formuliert wurde und auch in seiner Zeit noch geläufig war. Er empfiehlt sie als ein rationales Heilmittel für diejenigen, die unter dem Schrecken der Vorstellung eines von Gott geschaffenen Universums leiden. Die Behauptung, dass ein Schöpfergott existiert, der alles Leben überwacht, der Be-

---

22 Minucius Felix: *Octavius*. Lat./Dt. Hg., übers. und eingeleitet von Bernhard Kytzler. München (Kösel) 1965, S. 55 = 5:7.
23 Ebd., S. 55 = 5:7.
24 Ebd., S. 55 = 5:7.

lohnung und Strafe verteilt, ist gar nicht nötig. Es bedarf keiner göttlichen Kraft. Die Prozesse der Natur genügen, um zu erklären, warum die Dinge sind wie sie sind, wie sie geworden sind und was schließlich aus ihnen werden wird. »Der Mensch und jedes Lebewesen, das gezeugt wird, das Odem empfängt und heranwächst, ist eine im gewissen Sinne beliebige Verbindung jener Elemente (*elementorum*).«[25] Wenn diese Elemente, fährt er fort, zufällig zusammenkommen und mit der Zeit Ordnung und Gestalt annehmen, dann brauche es keinen »Schöpfer, Richter, Urheber.«[26]

Caecilius betont die große Erleichterung, die diese grundlegende wissenschaftliche Anschauung dem menschlichen Geist gewährt: »Woher dann die religiöse Scheu, woher die Angst, der Aberglaube?«[27] Ohne einen *deus machinator* sind die Menschen von der nagenden Angst vor göttlicher Strafe befreit. Sie können aufhören, bang den Himmel nach Zeichen einer verborgenen Ordnung abzusuchen und beständig den einen oder den anderen Gott milde zu stimmen. Der Regen wird weiterhin fallen, der Hagel weiter prasseln, der Donner wird verhängnisvoll grollen, aber alle diese Vorgänge haben, zum Guten wie zum Bösen, keinerlei moralische Bedeutung. Blitze zucken herab, aber »wahllos treffen sie geweihten und ungeweihten Grund«[28]. Diese Zufälligkeit lässt die Illusion göttlichen Schutzes in sich zusammenfallen, und das mag zwar bestürzend sein, aber es ist auch befreiend, denn es erlaubt einen Blick auf die Welt, wie sie tatsächlich ist.

Die moralische Ordnung, die Gesellschaften etablieren und an der die Einzelnen ihr Leben ausrichten, wurde weder von den Göttern erschaffen, noch wird sie von ihnen

25 Ebd., S. 55 = 5:8.
26 Ebd., S. 57 = 5:8.
27 Ebd., S. 55 = 5:7.
28 Ebd., S. 57 = 5:9.

überwacht. Rituelle Praktiken (*religiones*) haben keine Wirkung auf den Ausgang. Stürme brechen über die Sünder und die Gottesfürchtigen gleichermaßen herein; die Schicksale der Guten und der Bösen fallen im Schiffbruch zusammen; wütende Feuer verschlingen unterschiedslos die Unschuldigen und die Schuldigen; in einer Seuche gehen alle gleichermaßen zugrunde. In einer Welt, die von göttlicher Vorsehung gelenkt wird, würde sich das Los, das dem Tugendhaften zuteilwird, von dem des Lasterhaften deutlich unterscheiden, aber in einer solchen Welt leben wir nicht. Glaubhafter erscheint es, dass der Zufall – gesetzloser Zufall, überraschende, planlose Ereignisse – alles beherrscht.

Nachdem er seinen christlichen Freunden eine Verteidigung des Materialismus geboten hat und nicht, wie sie es gut und gerne erwarten konnten, zur Verteidigung des Serapis aufgelaufen ist, schlägt Caecilius einen weiteren unerwarteten Haken. Gerade deshalb nämlich, fährt er fort, weil die Welt nicht von göttlicher Vorsehung, sondern von der Zufälligkeit der Dinge beherrscht wird, von den zufälligen, unkontrollierbaren, blinden Abweichungen der Materie, sollte man größere Ehrfurcht zeigen und »sich der Wahrheit der Lehren der Alten anschließen, die überlieferten Religionen pflegen (*religiones traditas colere*) und jene Götter verehren, die dich die Eltern weniger vertraulich kennen als vor allem fürchten lehrten«[29]. Seine entzaubernde Erzählung vom Universum bringt ihn nicht dazu, sich einem programmatischen, militanten Atheismus hinzugeben, sondern ganz im Gegenteil eine undogmatische, sanfte und höchst traditionelle Frömmigkeit zu befürworten. Genau diese stille Frömmigkeit ist es, die durch

---

29 Ebd., S. 59 = 6:1.

die Kusshand *en passant* für Serapis genau auf den Punkt gebracht worden ist.

Caecilius stellt schnell klar, dass seine Position im Grunde wenig oder nichts mit einer besonderen missionarischen Vorliebe für Serapis zu tun hat, nichts mit der Hoffnung, dass eines Tages jedermann Kusshände in die gleiche Richtung werfen wird:

> So können wir auch sehen, wie durch das ganze Imperium hin die einzelnen Provinzen und Städte ihre besonderen Kultriten haben und einheimische Gottheiten verehren; die Eleusinier zum Beispiel die Ceres, die Phryger die Große Mutter, die Epidaurier den Äsculap, die Chaldäer den Belus, Astarte die Syrer, Diana die Taurier, die Gallier den Merkur – und die Römer sie alle (*universa Romanos*).[30]

Es ist der polytheistische Universalismus der Römer, zu dem er sich hingezogen fühlt, und der für ihn der Grund für die Größe des Imperiums ist. »So konnten die Römer ihre Macht und ihren Einfluß über den ganzen Erdkreis ausdehnen.«[31]

Hierfür begeistert sich Caecilius: Er preist den römischen Grundsatz, die heiligen Riten aller Nationen anzunehmen (*universarum gentium sacra suscipiunt*), ein Grundsatz, der nicht nur den Herrschaftsbereich des Kaisertums vergrößert, sondern auch Zeremonien und Strukturen bewahrt, die bis in die tiefe Vergangenheit zurückreichen. Durch ihre Eroberungen zerstören die Römer nichts; sie setzen vielmehr etwas fort, und respektieren die Heiligkeit der alten Tempel und Riten. Dieser Respekt, betont Cae-

---

30 Ebd., S. 59ff. = 6:1.
31 Ebd., S. 61 = 6:2.

cilius, ist nicht bloß eine zynische Strategie; es ist vielmehr eine Form der Frömmigkeit, die von den Göttern selbst ein ums andre Mal belohnt worden ist.

Es hat immer schon Propheten (*vates*) gegeben, und sie blicken, so Caecilius, von den Göttern inspiriert, »in die Zukunft, weisen Schutz in Gefahren, Heilmittel bei Krankheiten, Hoffnung den Bedrängten, Hilfe den Elenden, Trost in der Trübsal, Linderung im Leid«[32]. Es ist nichts anderes als Arroganz, denkt er, wenn einer, wie es die Christen tun, eine so lange und reiche Tradition des Respekts für die Götter infrage stellt und eine ganze Lebensweise verwirft.

Diese Arroganz, die bereits im Kleinen in der Reaktion seiner Freunde auf die Kusshand für Serapis aufgeschienen war, ist einer der Gründe dafür, warum Caecilius nicht den Vorschlag macht, das Christentum einfach unter all die anderen Kulte aufzunehmen, die Seite an Seite in Rom blühten. Aber es gibt auch andere Gründe: Er trägt eine lange Liste von wüsten Beschuldigungen über geheime christliche Riten vor, von Kindsmord über Inzest bis hin zu Orgien. Die Anklagen überdehnen die Glaubwürdigkeit im Rahmen des Dialoges, denn ihre Ungeheuerlichkeit scheint unvereinbar mit der Aufrechterhaltung einer Freundschaft – aber sie liefern offenbar eine willkommene Gelegenheit für Octavius, sie abzustreiten und den christlichen Kult als vollständig unschuldig darzustellen.[33]

---

32 Ebd., S. 62 = 7:6.
33 Die Anklagen bezüglich Inzest und Kindsmord werden auch anderswo durchgegangen und abgestritten: bei Tertullian, Eusebius und Origines. Ingvild Sælid Gilhus beobachtet, dass diese extremen Anklagen »nicht bei den heidnischen Autoren, die über die Christen geschrieben haben, belegt sind, etwa bei Plinius, Galen und Celsos. Detaillierte Anschuldigungen über Promiskuität, Ritualmord und die Verehrung von Ungeheuern und Tieren finden sich hauptsächlich in christlichen Texten.« Sie legt nahe, dass diese Wiederholung und Widerlegung durch

Was Octavius allerdings nicht leugnet, ist die Anklage, dass Christen die Koexistenz von Altären verschiedener Götter verabscheuen. Sieh dich um, argumentiert er, keine Monarchie mit mehreren Königen ist je erfolgreich gewesen, ob in der menschlichen Gesellschaft oder im Tierreich. »Ein einziger König bei den Bienen [die Tatsache, dass es tatsächlich eine Königin ist, war noch nicht entdeckt; S.G.], nur ein Führer bei den Herden, beim Großvieh ein einziges Leittier.«[34] In ebendieser Weise gibt es nur einen einzigen Gott, einen alleinigen Herrscher des Universums. Wie also sollte man nach der Meinung des Octavius die unzähligen Götterbilder ansehen, von denen er und alle anderen umgeben sind? Sie sind nichts als bloße Materie, Materie in ihrer plumpesten und beschämendsten Form: »Ein hölzerner Gott zum Beispiel, vielleicht ein Stück eines Scheiterhaufens oder eines Marterpfahls, wird aufgehängt, zugehauen, bearbeitet, gehobelt. Ein goldener oder silberner Gott wird, wie es häufig bei Ägyptens König vorkam, aus einem unreinen Gefäß geschmiedet, mit Hämmern geschlagen, auf dem Amboß geformt. Ein steinerner Gott schließlich wird behauen, gemeißelt und von einem schmutzigen Kerl geglättet.«[35]

Im späten 2. Jahrhundert, als Minucius Felix schrieb, war Rom noch intakt. In der Tat war die Stadt fast oder vollständig auf dem Höhepunkt ihres ästhetischen Glanzes angelangt, eines Glanzes, in dem sich die Verehrung der Götter und das Geflecht des Imperiums verband. Die

die Christen wohl »dem Zweck der Erbauung diente«. Vgl. Ingvild Sælid Gilhus: »*... you have dreamt that our God is an ass's head«: Animals and Christians in Antiquity*. In: *Kontinuitäten und Brüche in der Religionsgeschichte*, hg. von Michael Stausberg. Berlin (de Gruyter) 2001, S. 211 f. (Übers. T.R.).
34 Minucius Felix: *Octavius*. Lat./Dt. Hg., übers. und eingeleitet von Bernhard Kytzler. München (Kösel) 1965, S. 107 = 18:7.
35 Ebd., S. 137 ff. = 24:6-7.

Tempel waren mit Meisterwerken der Bildhauerei geschmückt – Werke, die jetzt zum Stolz der großen Museen der Welt zählen. Aber für die christlichen Apologeten waren sie eine Ansammlung von Betrügereien, Köder für die Unwissenden und die Leichtgläubigen. Vergleichbare Spitzenleistungen der christlichen Kunst lagen für den Moment noch in der fernen Zukunft, und Octavius wäre noch gar nicht in der Lage gewesen, sie heraufzubeschwören. Er hätte es sich niemals träumen lassen, dass eines Tages ein vorzüglich gearbeitetes Standbild Christi den Platz des Serapis in jener Nische am Ufer einnehmen würde, oder dass einst eine vergoldete Marienstatue in jenem Schrein an der Straßenkreuzung thronen würde, wo gerade noch Venus verehrt wurde. Ihm ging es vielmehr darum, Caecilius begreiflich zu machen, dass die Figur, der er eine Kusshand zugeworfen hatte, nichts als blödes Zeug war.

Oder noch schlimmer. Die Geschichten, die den Hintergrund und die Seele der Kulte ausmachten, die Geschichten etwa von Mars und Venus, von Jupiter und Ganymed, fungieren, so Octavius, in erster Linie als Entschuldigung für menschliche Laster. Sie sind unanständig und ansteckend, sie bemächtigen sich der überhitzten Vorstellungskraft der Jugend und lassen sie nicht mehr los: Die Kinder wachsen »unter dem Eindruck solcher Fabeln in ihr bestes Alter hinein«[36]. Die Werke der Dichter, die sich nicht um die Wahrheit bekümmern, die Mythen über Götter und Göttinnen, all das ist eine Art moralisches Gift.

Als Antwort auf Caecilius' Argument, dass gerade ihre radikale religiöse Offenheit die ewige Stadt zur Blüte gebracht hatte, äußert Octavius eine Kritik, die durch ihre offen vorgetragene Ablehnung der gesamten Geschichte Roms, von der frühesten Zeit bis in die Gegenwart, ver-

---

36 Ebd., S. 131 = 23:7.

blüfft. In ihren Anfängen war die Stadt ein Sammelbecken für »verkommene Subjekte und Verbrecher, Blutschänder, Mörder und Verräter.«[37] Die Stadt wurde groß, indem man den Nachbarn ihr Land wegnahm, ihre Reichtümer verzehrte, ihre Tempel plünderte, und die Besiegten in die Gefangenschaft schickte. »So ist alles, was die Römer innehaben, was sie nutzen und besitzen, nur Gewinn ihrer Dreistigkeit. Alle ihre Tempel sind aus Beutegut gebaut, das heißt aus dem Untergang von Städten, mit Tempelraub und Priestermord.«[38] Was nun ihre vielgerühmte Frömmigkeit angeht, so ist es eine Farce, das anzubeten, was man mit Gewalt an sich gerissen hat. Die Römer sind nicht deshalb so mächtig, erklärt Octavius geradeheraus, »weil sie fromm sind, sondern einfach darum, weil sie ungestraft frevelten«.[39]

Eine ähnlich subversive Perspektive auf die Größe Roms kann man auch anderswo erahnen, verstreut in den Werken von Livius und Sallust etwa, oder sogar zwischen den Zeilen der *Aeneis*. Aber eine so ungebremste, unerbittliche und uneingeschränkte Härte, eine Vision des römischen Imperiums als einer von Anfang an beständig gottlosen und verbrecherischen Machenschaft, ist so gut wie ohne Vorbild. Caecilius' Auflistung der grellen und grotesken Gerüchte über die Orgien der Christen ist eine bloße Ablenkung; Octavius kann sie leicht entkräften. Aber die Worte des Octavius scheinen nachdrücklich einen anderen und sehr viel ernsteren Vorwurf gegen die Christen zu bestätigen: nämlich dass sie keinerlei Loyalität gegenüber Rom besitzen und nichts als Verachtung für jeden Gott außer ihrem eigenen übrighaben.

---

37 Ebd., S. 143 = 25:2.
38 Ebd., S. 145 = 25:5.
39 Ebd., S. 145 = 25:7.

Tatsächlich geht es hier um mehr als nur um Verachtung. Die Orakel und Prophezeiungen treffen zuweilen die Wahrheit, das gibt Octavius zu. Diese Erfolge sind oft auf den bloßen Zufall zurückzuführen, aber nicht immer. Denn es gibt, erklärt er Caecilius, gewisse »unreine Geister«, Dämonen, vollgesogen mit Laster und wild entschlossen, die nichts ahnenden Sterblichen in den Abgrund der Sünde zu locken. Gelegentlich ergreifen solche Geister Besitz von verletzlichen Individuen, sodass es den Anschein hat, einer der Götter – »Saturn selbst, Serapis, oder Jupiter«[40] – habe sich tatsächlich in Träumen oder Visionen offenbart. Hinterlistig inspirieren sie die Propheten, beleben sie die Eingeweide der Opfertiere, manipulieren sie die Ziehungen von Losen. Wenn sie aber genötigt werden und »mit der Folter der Beschwörung und der Glut unserer Gebete«[41] aus den Körpern ausgetrieben werden, dann gestehen die vermeintlichen Götter, dass sie im Grunde nur Dämonen sind.

Es sind, sagt Octavius, genau diese Dämonen, die für die Verbreitung der Gerüchte, die Christen würden Kinder fressen und inzestuöse Gelage feiern, verantwortlich sind. Sie sind es auch, die »sich hinter den Statuen und geweihten Bildern«[42] verbergen. Damit sind wir wieder am Ausgangspunkt angekommen, als der Christ sich zu etwas berufen fühlte, was mit den Normen des römischen Lebens brach: gegenüber Caecilius' ritueller Frömmigkeitsgeste einzuschreiten. Wenn ein böser, unreiner schweifender Geist in der Statue des Serapis verborgen wäre, dann wäre eine in seine Richtung geworfene Kusshand etwas, über das ein echter Freund nicht hinwegsehen darf. Es wäre seine Pflicht, den Freund zu warnen.

40 Ebd., S. 157 = 27:6.
41 Ebd., S. 157 = 27:5.
42 Ebd., S. 155 = 27:1.

In ihrer neuen Studie über die *compitalia*, die jährlichen Feste zu Ehren der Götter der Straßenkreuzungen, betont Harriet Flower den gemeinschaftlichen Charakter dieser und anderer römischer Riten. Die *compitalia* fanden im Freien statt, sie bestanden aus einem Opfer, einem fröhlichen Fest mit den Nachbarn, einem Spaziergang mit Freunden, vielleicht auch etwas Tanz.

Jeder in der Stadt (oder auf dem Landgut) war eingebunden und wurde ermuntert, an der Gemeinschaft teilzuhaben, über die Grenzen des Haushaltes oder der Straße hinaus. Es war nicht vorgesehen, dass die einzelnen Haushalte jeweils getrennt voneinander in ihren Wohnräumen oder an ihrem eigenen Herd feierten. Vielmehr kamen sie alle zum Feiern *an den Grenzen* zusammen, und so beobachteten, überschritten und bestärkten sie diese Linien, die die Form der familiären, alltäglichen Welt definierten, in der jeder lebte.[43]

In der Eröffnungsszene des *Octavius* nimmt Caecilius nicht an einem dieser gemeinschaftlichen Rituale teil, er geht einfach nur mit seinen Freunden am Strand entlang, aber seine winzige fromme Handlung sollte doch im Kontext dieses reichen kollektiven Lebens verstanden werden. Das bedeutet, dass die Kusshand weniger als Einblick in seinen persönlichen »Glauben« zu werten ist, sondern vielmehr als ein Hinweis auf das gewöhnliche, alltägliche Leben im polytheistischen Rom.

Das ist auch der Grund, warum es Caecilius auf die Herausforderung durch seinen christlichen Freund hin nicht einfällt, Serapis im Besonderen zu verteidigen, sondern

---

[43] Harriet I. Flower: *The Dancing Lares and the Serpent in the Garden: Religion at the Roman Street Corner.* Princeton/Oxford (Princeton University Press) 2017, S. 171 (Übers. T.R.).

vielmehr das traditionelle religiöse Bekenntnis seiner gesamten Kultur. In diesem Sinne empfindet er offensichtlich auch keinen Widerspruch zwischen seiner Wertschätzung der römischen Legenden über Orakel, Prophezeiungen und göttlichen Schutz – wie sie lebhaft in jeder Statue, an jedem Altar, an jeder Straßenecke evoziert werden – und der wissenschaftlichen Theorie, die er vorgetragen hat. Caecilius ist gleichzeitig ein rationaler Materialist und ein Verteidiger der Frömmigkeit, gleichzeitig ein Skeptiker und jemand, der innig an die Gegenwart der Götter im Leben seiner Stadt glaubt. Er vertritt einen rationalen Blick auf das Universum: Blitze sind für ihn ein natürliches Phänomen, nicht Waffen, die Jupiter auf Übeltäter schleudert; Schiffbrüche machen keinen Unterschied zwischen Schuldigen und Unschuldigen; Seuchen werden von Gebeten weder heraufbeschworen noch abgewandt. Gleichzeitig aber ist er offen für die uralten Genugtuungen und Rückversicherungen der Religion. Er will beides.

Caecilius ähnelt also einem Evolutionsbiologen, der auf Holz klopft, weil es Glück bringt, oder einem Skeptiker, der ein fröhliches Fest zur Taufe oder Bat Mitzwa seines Kindes feiert. Für einen Philosophen wäre es ein Leichtes, die Grundannahmen herauszuarbeiten, die hinter der Rolle des Wissenschaftlers einerseits und hinter den Ritualen andrerseits liegen, um dann Punkt für Punkt die Unvereinbarkeit der beiden aufzuzeigen. Kaum jemand fühlt sich dazu bemüßigt, und sei es nur deshalb, weil um einen niedrigen Einsatz gespielt wird. Aber für den Christen Octavius sind die Einsätze alles andere als niedrig, und er versteift sich auf die offensichtlichen Widersprüche in den Worten des Caecilius. Sein heidnischer Freund, so seine Beobachtung, gleicht einem Menschen an einer Straßenkreuzung, der nicht weiß, welcher Weg der richtige ist, deshalb völlig verwirrt stehen bleibt und unfähig ist, sich für eine Richtung zu entscheiden. »Denn abwechselnd glaubte er bald an das Dasein der Götter, bald wieder stellte er es infrage«[44]. Eine Folge davon ist, dass seine Argumente unzusammenhängend und verschwommen bleiben.

Ein Christ, so Octavius, hat solche Probleme nicht. Alles passt zusammen in einer einzigen, ehrwürdigen Wahrheit. Das Universum ist ganz offensichtlich das Werk göttlicher Macht, nicht das Werk zufälliger Atomzusammenstöße. Jedermann kann das mit eigenen Augen sehen. Zudem ist Polytheismus falsch. Alle großen Philosophen stimmen darin überein, dass Gott einer ist, mag er auch vielerlei Namen tragen. Durch seine Würde und Zuversicht passt der christliche Gottesdienst zu dem erhabenen Glauben an die souveräne Hoheit des Schöpfergottes, wohingegen die verschiedenen Rituale der Polytheisten nichts als die Verirrungen eines »verblendeten und gestörten« Geistes sind: »Im schlimmsten Winter laufen einige halbnackt umher, andere ziehen mit Filzhüten dahin oder tragen alte Schilde herum, schlagen Pauken oder führen bettelnd ihre Götter gaßauf, gaßab.«[45]

Für den Moment scheinen die Verehrer der unzählbaren römischen Götter eine Blüte zu erleben. Sie besitzen Reichtümer im Überfluss, werden hoch geehrt und sitzen auf den besten Plätzen. Aber wie »Schlachtvieh werden sie zur Tötung gemästet, wie Opfertiere für ihren Tod bekränzt.«[46] Die Christen hingegen erscheinen bescheiden und gering geschätzt, aber sie sind voller Hoffnung auf ein zukünftiges Glück, sie sind zuversichtlich, dass sie einst zur Seligkeit aufsteigen werden.

---

44 Minucius Felix: *Octavius*. Lat./Dt. Hg., übers. und eingeleitet von Bernhard Kytzler. München (Kösel) 1965, S. 93 ff. = 16:2.
45 Ebd., S. 141 = 24:11.
46 Ebd., S. 201 = 37:7.

Octavius möchte Minucius Felix und die anderen Christen in ihrem gemeinsamen Glauben bestärken und führt seine lange Apologie des Christentums, die fast doppelt so lang ist wie die Verteidigung des Polytheismus durch Caecilius, zu einem mitreißenden Finale. Er schließt mit einem Gebet: »Der Irrglaube werde gebannt, Gottlosigkeit gesühnt, die wahre Gottesverehrung aber bleibe bewahrt«[47] (*cohibeatur superstitio, inpietas expietur, vera religio reservetur*). Wir stehen am Anfang einer Welt, in der abergläubische, unwissende »Heiden« oder »Pagane« (der Ausdruck geht auf das lateinische *paganus*, für »Bauer, Dorfbewohner«, zurück) Götzen verehren, während die Christen die strahlende Flamme der Wahrheit hüten.

In ihrem wichtigen, jüngst erschienenen Buch *Imagine No Religion: How Modern Abstractions Hide Ancient Realities* zeigen Carlin A. Barton und Daniel Boyarin, dass die landläufige Übersetzung von *religio* als »Religion« völlig irreführend ist. Sie beobachten vielmehr, dass die römische Gesellschaft lange Zeit ohne das Konzept einer räumlich klar abgegrenzten Sphäre der Religion funktionierte, einer Sphäre also, die sich unterscheidet von »essen, schlafen, Darm entleeren, Geschlechtsverkehr haben, Revolten oder Kriege austragen, fluchen, segnen, erheben, erniedrigen, richten, strafen, kaufen, verkaufen, plündern und umstürzen, Brücken bauen, Mieten und Steuern eintreiben«[48], sowie, wie wir hinzufügen können, gemütlich in Ostia am Strand spazieren gehen. Im Anschluss an die Pionierarbeiten von Brent Nongbi und anderen legen sie nahe, dass für die Römer die *religio* »auf eine transzendente Realität weder angewiesen war noch als Beleg für eine solche

---

47 Ebd., S. 207 = 38:7.
48 Carlin A. Barton und Daniel Boyarin: *Imagine No Religion: How Modern Abstractions Hide Ancient Realities*. New York (Fordham University Press) 2016, S. 4 (Übers. T.R.).

diente«.⁴⁹ Sie war vielmehr Teil eines diesseitigen Systems des Abwägens und Ausgleichens, der Angstbewältigung, des Aushandelns von Verbindlichkeiten und Eventualitäten.

Nach Barton und Boyarin erfahren der Begriff und die geistige Landschaft, in die der Begriff eingebettet ist, tiefgreifende Veränderungen in den Werken Ciceros und seiner Zeitgenossen. Mehr und mehr wurde »Aberglaube« nicht so sehr als ein ungesundes Zuviel von »Religion« verstanden, sondern als ihr genaues Gegenteil. »Religion« indessen wurde verstärkt als eine abgelöste Dimension des Lebens gedacht, die sich von der Gesamtheit des öffentlichen, politischen Lebens unterscheidet und zuweilen auch im Gegensatz zu ihm stehen kann.

Der Dialog des Minucius Felix zählt zu den frühesten und beredsamsten Zeugnissen dieser folgenreichen Verschiebung. Der Polytheist Caecilius hatte den Standpunkt vertreten, dass die Welt vom Zufall beherrscht wird, und er sah in dieser Auffassung ein Mittel, um die mit religiösen Ritualen verbundene Furcht (*formido*) zu lindern. Zwar mag es unmöglich sein, wie er zugesteht, die Angst vollständig zu bannen, aber wenn man sie im Griff behält, kippt *religio* nicht in ihre extreme Form, die *superstitio*. Dann kann die *religio* ihre heilsame Aufgabe erfüllen und, wie sie es seit Jahrhunderten getan hat, dazu beitragen, das römische Imperium zu erhalten und zu stärken.

Es ist bezeichnend, dass Octavius, der bereits zuvor die Geschichte Roms als eine Geschichte des Sakrilegs erzählt hatte, als Höhepunkt seiner Rede für das Christentum den Gegensatz von Aberglauben und wahrer Religion wählt. Aberglaube, *superstitio*, ist nicht mehr nur ein erbärmliches Übermaß an peinlich genauer Frömmigkeit: Er steht

---

49 Ebd., S. 16 (Übers. T. R.).

nun vielmehr für das ganze vielfältige Gewirr von Göttern, Pflichten, Opfern und Ritualen, das so lange die *religiones*, das ganze polytheistische Leben Roms, ausgezeichnet hatte. Wahre Gottesverehrung hingegen, die *vera religio*, ist nicht eine Richtung oder ein Kult unter vielen; sie ist der eine rechte Weg, der Pfad zur Erlösung, die einzige Wahrheit. Das Christentum ist die einzig wahre Form der Gottesverehrung.

Nachdem beide Seiten ihre Argumente vorgetragen haben, steht am Ende ein Ergebnis, das sich der Cicero des *De natura deorum* nicht hätte träumen lassen. Gerade möchte Minucius Felix als Richter den Sieg seinem Freund und Mitchristen zusprechen, ein Ergebnis, über das uns der Verlauf des Dialogs nicht im Zweifel gelassen hat, aber Caecilius wartet gar nicht erst darauf, dass das Urteil gefällt wird, sondern platzt heraus:

Ich muß meinen Octavius von ganzem Herzen beglückwünschen, aber ebenso auch mich selbst! Ich warte nicht mehr auf den Schiedsspruch: wir haben beide gesiegt! Ja, es mag euch ungerechtfertigt erscheinen, aber ich beanspruche den Sieg auch für mich! Denn wie er über mich gesiegt hat, so triumphiere ich über meinen Irrtum![50]

Das ist der Schluss. Die drei Freunde gehen fröhlich und beschwingt ihres Weges, der einstige Polytheist ist glücklich über seinen neuen christlichen Glauben, sein christlicher Gesprächspartner ist glücklich über den großen Sieg, den er errungen hat, und Minucius Felix ist doppelt glücklich »über die Bekehrung des einen und den Sieg des

---

50 Minucius Felix: *Octavius*. Lat./Dt. Hg., übers. und eingeleitet von Bernhard Kytzler. München (Kösel) 1965, S. 209 = 40:1.

anderen«[51]. In Zukunft werden sie vielleicht wieder einmal gemeinsam am Strand spazieren gehen, aber Kusshände für Serapis wird es keine mehr geben.

Cicero ist ohne Auflösung völlig zufrieden. Dass es keine Lösung gibt, macht für ihn nicht die ganze lange Diskussion wertlos, vielmehr steigert es die Wertschätzung dafür, dass das Gespräch überhaupt begonnen und eine Fortsetzung verdient hat. Bei Minucius Felix ist das Gegenteil der Fall: Er gibt dem Polytheisten den Raum, um einige Argumente auszubreiten, die von der Verteidigung der alten Götter bis zur wüsten Verunglimpfung und Anklage der Christen reichen, aber für den aufmerksamen Leser ist von Anfang an klar, dass der Dialog auf den Triumph einer und nur einer der beiden Seiten zuläuft. Dieser Triumph findet seinen Ausdruck nicht nur in der Reaktion des christlichen Augenzeugen, der sich selbst als »von der größten Bewunderung hingerissen«[52] beschreibt, sondern auch – und wichtiger noch – in der Reaktion des Polytheisten Caecilius. Bekehrung ist die Vollendung, auf die der fromme Wunsch sich richten muss.

Die Diskussion ist geklärt, und das Werk legt nicht wie bei Cicero nahe, dass es zu diesem Thema je wieder Gesprächsbedarf geben wird, zumindest nicht im kleinen Kreis der drei Freunde. Die Bekehrung wird als total, irreversibel und einmalig dargestellt, sie verändert das Leben. Der Glaube an Christus wird nicht einen Platz unter Caecilius älteren Überzeugungen einnehmen, er wird sie vielmehr vollständig ersetzen und keinen Raum für Zweifel lassen. Nur ein kleiner Wink deutet auf eine weitere Unterhaltung hin, aber dieser Wink hat nichts mit der Unabschließbarkeit in der Diskussion zwischen dem Stoi-

---

51 Ebd., S. 211 = 40:4.
52 Ebd., S. 209 = 39:1.

ker und dem Skeptiker gemein. Da sei »auch jetzt noch einiges«, bemerkt Caecilius am Ende des *Octavius*, »was nicht eigentlich der Wahrheit widerspricht, aber doch notwendig ist zu einer vollkommenen Einführung«[53]. Noch einige Feinheiten im Lehrgebäude also, aber keine anhaltenden Meinungsverschiedenheiten bezüglich grundlegender Prinzipien. Diese Abgeschlossenheit ist eine der tiefen Befriedigungen der Bekehrung. »Die Sonne neigt sich schon zum Untergang«[54], beobachtet der Frischbekehrte, alle weiteren Untersuchungen werden also auf morgen verschoben. Die drei jungen Männer sind von nun an für immer im selben Glauben vereinigt.

Minucius Felix zeichnet den Triumph des Christentums als das Ergebnis eines geistigen Austausches unter guten Freunden, die auf den Felsen am Wasser sitzen. Sie beginnen ein Kräftemessen, und der Christ Octavius gewinnt. In diesem Sinne ähnelt ihre Diskussion eben doch dem Spiel, Steine übers Wasser hüpfen zu lassen, mit dem der Dialog eröffnete. Aber das Kräftemessen war alles andere als spielerisch: Es nahm seinen Ausgang in der Angst des Octavius, sein heidnischer Freund könnte zugrunde gehen. Versteckt in den Schatten dieser sonnenüberfluteten Szene finden sich noch weitere, unausgesprochene Ängste: die Angst, dass der Glaube an Christus als eine Form pöbelhaften Aberglaubens gebrandmarkt werden könnte, dass er keinen Reiz für den hoch gebildeten und kultivierten Teil der Bevölkerung besitzen könnte, dass die verleumderischen Lügen über die Christen sich durchsetzen könnten und dass die Gemeinschaft der Gläubigen auf ein kleines, elendes Häufchen zusammenschrumpfen könnte. Der grundlegende Zweck von Minucius Felix' Dialog ist

---

53 Ebd., S. 209 = 40:2.
54 Ebd., S. 211 = 40:2.

es, diese Ängste zu lindern, indem er die Sache des Glaubens verteidigt und Antworten auf die Anklagen gegen ihn bietet. Das Werk ist Apologie und Wunschtraum zugleich. Und das mit gutem Grund: Im Rom des späten 2. Jahrhunderts ist das Schicksal des Christentums, selbst sein bloßes Überleben, noch nicht entschieden. Das Happy End, die Bekehrung des Polytheisten Caecilius, muss ein Trost für die bedrängte und furchtsame Gemeinschaft der Christen gewesen sein.

Irgendwo in der Zukunft, für Minucius Felix unsichtbar, lauern ein anderer Trost und ein anderer Triumph: die Zertrümmerung der Statuen, die Schließung der Tempel, der Sieg des Kreuzes, die nicht enden wollenden und oft genug blutrünstigen Versuche, Völker vor sich selbst zu retten. Nicht schon jetzt; nicht gleich hier; in diesem bezaubernden Dialog geht es nur um eine Unterhaltung unter Freunden.

II.

»Gibt es denn einen schlimmeren Seelentod«, fragte Augustinus, »als die Freiheit des Irrtums?«[55] Unter den Architekten der christlichen Orthodoxie herrschte wenig Toleranz für Duldsamkeit. Obwohl man sich gut vorstellen könnte, dass Erinnerungen an die unbarmherzige Verfolgung durch eine Reihe heidnischer Kaiser zu Nachsicht gegenüber anderen Glaubensrichtungen geführt hätte, scheint genau das Gegenteil der Fall gewesen zu sein. Sobald ihre Machtposition gefestigt war, schritten die Christen, so schnell sie konnten, zur Unterdrückung konkurrierender Glaubenssysteme. Dadurch aber bestätigten sie die Vorwürfe, die überhaupt erst zu den Verfolgungen geführt hatten.

Einige wütende Polytheisten hatten bereits gewarnt, das Imperium könne die Christen nicht ebenso behandeln wie andere neu entdeckte Religionen. Das heißt, dass es nicht möglich war, das Christentum in den Synkretismus einzugliedern und die neue Gottheit durch brillante Intellektuelle auf Linie bringen zu lassen – auf Linie mit der bestehenden Palette an Göttern und mit dem Nutzen für den Staat. Des Weiteren ließ sich mit fortschreitender Entwicklung des Kaiserkultes von den Anhängern Jesu Christi nicht mehr die eine einfache und minimale Sache erwarten, die sie schuldeten: für die Gesundheit und das Wohlergehen des vergöttlichten Herrschers zu beten. In diesem speziellen Sinne waren die Christen »Atheisten«, Leute also, die sich stur widersetzten, die Heiligkeit des göttlichen Kaisers anzuerkennen und die Existenz der Götter zu beken-

---

[55] Augustinus: *Ausgewählte Briefe*. Übers. von Alfred Hoffmann. Bd. 1 (= Des heiligen Kirchenvaters Aurelius Augustinus ausgewählte Schriften Bd. 9, = Bibliothek der Kirchenväter, 1. Reihe, Bd. 29). München (Kösel) 1917, S. 413 = Ep.105:2:10.

nen, die sonst ein jeder verehrte. Wenn man die Christen gewähren ließe, so warnten vorausschauende Polytheisten, dann wäre die gesamte traditionelle Ordnung, die Rom Jahrhunderte des Wohlstands beschert hatte, in Gefahr. Das war die Befürchtung des Caecilius gewesen.

Schon vor der Zeit des Kaiserkultes besaß das römische Imperium starke Bindungen an eine offizielle, religiöse Frömmigkeit, die im Grunde alles aufnahm, was der Stabilität förderlich war und eine vertrauenswürdige Atmosphäre von Beständigkeit und Altertum verbreitete. In erster Linie waren da die zwölf olympischen Götter, wie sie Livius als Paare bei einem Gastmahl beschrieben hat: Jupiter und Juno, Neptun und Minerva, Mars und Venus, Apollo und Diana, Vulkan und Vesta, Merkur und Ceres. Diese großen Paare absorbierten die Verehrung, die die Griechen Zeus und Hera, Poseidon und Athene, Ares und Aphrodite, Hephaistos und Hestia, Hermes und Demeter dargebracht hatten. Aber das waren nur einige in der verwirrenden Masse an Gottheiten.

Deren Zahl wuchs beständig weiter, als Altäre für die Kaiser errichtet wurden. Nach Sueton errichtete Caligula einen eigenen Tempel für seine Gottheit, in dem Priester eine erlesene und besonders kostspielige Auswahl an Opfertieren darbrachten, darunter etwa Flamingos und Pfaue. Zur Ausstattung des Tempels gehörte auch eine lebensgroße Statue des Kaisers aus Gold, der jeden Tag dieselben Kleider angelegt wurden, die der Kaiser trug. Sueton wird schwerlich als verlässliche Quelle durchgehen, aber dass die Kaiser vergöttlicht wurden, steht außer Frage. Die Kaiser, die in den Status von Göttern aufgestiegen waren, identifizierten sich selbst mit Jupiter und den anderen Hauptgottheiten des römischen Pantheons. Die Flut der Gottheiten nahm immer weiter zu. Die Kaiser konnten auch vergessene Kulte wiederbeleben, wie den des archaischen latinischen Sonnengottes Sol Invictus, und seine Priesterschaft ehren. In Rom konnten für die sabinischen Gottheiten Quirinus und Flora, für den italischen Liber, die keltische Aericura oder den graeco-ägyptischen Serapis Gebete angestimmt und Opfer dargebracht werden. Die Römer scheinen so gut wie keine religiösen Grenzen gekannt zu haben, sie errichteten Altäre in promisker Fülle.

Sich Götter anzuverwandeln war eine Taktik des Imperiums, eine der Methoden, durch die der Kaiser Roms, in Vergils Vision,

> über Garamanten und Inder hinaus/das Imperium ausdehnen wird; dies Land liegt außerhalb unserer Gestirne,/außerhalb der Bahnen von Jahr und Sonne, wo der Himmelsträger Atlas/auf seinen Schultern das mit leuchtenden Sternen besetzte Himmelsgewölbe dreht.[56]

Diese grenzenlose Expansion der Macht war allerdings in keiner Weise an die Ambition gekoppelt, die Götter Roms über den ganzen Globus zu verbreiten. Deshalb war das Imperium der Römer auch kein Vorläufer des christlichen und später muslimischen Traums, die ganze Menschheit zur Verehrung des einen wahren Gottes zu bekehren. Vielmehr war es, wie Caecilius im *Octavius* argumentiert, geradezu das Gegenteil dieses Traums: Indem sich die Macht Roms weiter ausdehnte, wurden all die regionalen und lokalen Gottheiten in der großen Stadt zusammengezogen, und eine jede von ihnen erhielt ihren würdigen Platz und schuldigen Respekt.

Der Verteidiger des Polytheismus bei Minucius Felix hatte gewiss recht damit, dass diese vorzügliche Taktik

---

56 Vergil: *Aeneis*. Lat./Dt. Hg. und übers. von Edith und Gerhard Binder. Stuttgart (Reclam) 2008, S. 331 = VI, 794 ff. (leicht modifiziert).

sehr viel älter war als das Imperium selbst. Unter Berufung auf den Antiquar Verrius Flaccus berichtet Plinius in der *Naturalis historia* von dem langlebigen Brauch, »daß man bei Belagerungen als erste Maßnahme durch römische Priester den Gott, unter dessen Schutz die Stadt stand, herausrufen ließ und zu versprechen pflegte, man werde ihm dieselbe oder eine noch größere Verehrung bei den Römern erweisen.«[57] Im frühen 5. Jahrhundert n. Chr. bestätigt Macrobius in seinen *Saturnalia* die Altehrwürdigkeit dieser Praxis und bietet zudem eine zumindest plausible Erklärung für sie an:

> Es steht nämlich fest, daß alle Städte im Schutz einer Gottheit stehen, und daß es ein geheimer und vielen unbekannter Brauch der Römer war, daß sie bei Belagerung einer feindlichen Stadt, an deren Einnahme sie bereits glaubten, deren Schutzgötter mit einem bestimmten Gebet herausriefen; anders nämlich meinten sie nicht, die Stadt einnehmen zu können, oder sie hielten es für Frevel, selbst wenn sie es könnten, Gottheiten gefangen zu nehmen.[58]

In Übereinstimmung mit diesem Glauben taten die Römer ihr Bestes, um den Namen der Schutzgottheit ihrer eigenen Stadt geheim zu halten; auf die Weitergabe dieses Geheimnisses stand die Todesstrafe. Um jeden Preis wollten sie verhindern, dass einer ihrer Feinde ihren göttlichen Beschützer mit unwiderstehlichen Angeboten verführen

---

57 Plinius Secundus d. Ä.: *Naturkunde. Buch XXVIII Medizin und Pharmakologie: Heilmittel aus dem Tierreich*. Lat./Dt. Hg. und übers. von Roderich König in Zusammenarbeit mit Gerhard Winkler. München/Zürich (Artemis) 1988, S. 23.
58 Macrobius: *Tischgespräche am Saturnalienfest*. Eingeleitet, übers. und mit Anmerkungen versehen von Otto und Eva Schönberger. Würzburg (Königshausen & Neumann) 2008, S. 138 f. = 3:9:2.

würde, so wie sie es selbst mit den Schutzgottheiten der anderen taten.

Macrobius zitiert sogar einen uralten Fluch, den er in seinen Quellen gefunden haben will. Ein römischer Priester ruft die Schutzgötter Karthagos an und bittet um ihre besondere Gunst:

Ich flehe euch an, verehre euch und bitte euch um die Gunst, daß ihr Volk und Stadt der Karthager verlaßt, ihre Orte, Tempel, Heiligtümer und ihre Stadt aufgebt und von ihnen fortgeht; auch sollt ihr diesem Volk und dieser Stadt Furcht, Angst und Vergessen einjagen, und sollt, dort preisgegeben, nach Rom zu mir und den Meinigen kommen. Unsere Orte, Tempel, Heiligtümer und unsere Stadt sollen euch willkommener und wohlgefälliger sein, und ihr sollt mir und dem römischen Volk und meinen Soldaten vorgesetzt sein, so daß wir es wissen und erkennen. Wenn ihr also tut, gelobe ich, euch Tempel und Spiele einzurichten.[59]

Karthago war der erbittertste Feind Roms, aber der karthagische Wettergott Baal-Hammon wurde umstandslos in den Kult des römischen Saturn aufgenommen, der seinerseits bereits lange mit dem griechischen Kronos identifiziert worden war. Auch Baal-Hammons Gattin, die Mondgöttin Tanit, war in der Stadt der Eroberer willkommen.

Diese rituellen Formeln und das Wuchern der Altäre bedeuten nicht notwendigerweise, dass die Römer den Göttern gegenüber besonders furchtsam waren. Zweifellos gab es einige, die viel Zeit und Geld aufwandten, um das Wohlwollen gleich mehrerer Götter zu gewinnen, ihren

---

59 Ebd., S. 139 = 3:9:7.

Grimm über jedes denkbare Versäumnis, jede denkbare Kränkung zu besänftigen, und sie in dieser oder in der nächsten Welt günstig zu stimmen. Andere konzentrierten ihre Frömmigkeit auf eine einzelne Gottheit. Und wieder andere waren gleichgültig oder skeptisch.«So haben beispielsweise in dieser Frage die meisten Philosophen sich für die Existenz von Göttern erklärt. Das besitzt ja auch den höchsten Grad von Wahrscheinlichkeit«[60], schrieb Cicero mit einer gewissen abwägenden Vorsicht. Aber sofort fügte er hinzu, dass die Vertreter dieser Ansicht untereinander derart uneins sind, dass ihre Meinungen eine quälend lange Aufzählung ergeben würden. Diese Meinungsverschiedenheiten beziehen sich auf die Form der Götter, auf ihre Wohnstätte, ihre Lebensart und so weiter, aber wichtiger noch, sie beziehen sich auch auf die zentrale Frage, um die sich alles dreht: »ob die Götter nichts tun, keine Wirksamkeit haben und sich jeder fürsorgenden Leitung der Welt enthalten, oder ob im Gegenteil gerade von ihnen schon vom ersten Anfang an (*a principio*) alles erschaffen und eingerichtet ist und alles bis in Ewigkeit von ihnen geleitet und in Bewegung gehalten wird«[61]. In diesem Punkt ist die Uneinigkeit am größten, schreibt Cicero, und bis eine Lösung gefunden ist, »muß die Menschheit unvermeidlich in einem ganz großen Irrtum«[62] verbleiben.

Unter diesen Umständen überrascht es nicht, dass Rom mit einer verwirrenden Fülle und Vielfalt von Schreinen überschwemmt wurde, Göttern aller Formen und Größen gewidmet – und jeder Gott musste die Anwesenheit eines Nachbargottes akzeptieren oder zumindest ertragen.

---

60 Cicero: *De natura deorum / Vom Wesen der Götter*. Lat./Dt. Hg., übers. und erläutert von Wolfgang Gerlach und Karl Bayer. München/Zürich (Artemis) 1987, S. 9 = 1:2.
61 Ebd., S. 9 = 1:2.
62 Ebd., S. 9 = 1:2.

Ebenso wenig überrascht es, dass niemand dazu genötigt werden konnte, an einem dieser Schreine zu beten. Es stand jedem Römer frei, unter ihnen zu wählen oder sie links liegen zu lassen. Wie in so vielen anderen Aspekten ihrer Kultur folgten die Römer auch hierin den Griechen. Wie es den Athenern lange Zeit freigestanden hatte, selbst die Leistungen der verschiedenen, wettstreitenden Philosophenschulen abzuwägen und ohne Einschränkung entweder den Lehren der Stoiker oder denen der Platoniker oder den Skeptikern der Akademie anzuhängen, so waren auch die Römer frei in ihrer Wahl, welchen Gott sie verehren und welchen sie vernachlässigen wollen.

Darüber hinaus war es Römern erlaubt, wie der Bemerkung Ciceros zu entnehmen ist, die Gesamtheit der religiösen Bräuche und Vorschriften in Zweifel zu ziehen. So konnte etwa im 2. Jahrhundert v. Chr. der römische Dichter Ennius das zutiefst skeptische Werk *Heilige Schrift* des Euhemerus ins Lateinische übersetzen, und das Werk konnte ungehindert zirkulieren, obwohl es die Ansicht vertrat, dass die Götter nichts anderes seien als menschliche Heroen, die von ihren Völkern übermäßig verehrt wurden und deren Sterblichkeit in Vergessenheit geraten war. Eine weitere Alternative bestand darin, die Existenz der Götter zwar anzuerkennen, aber zu leugnen, dass man ihnen dienen, sie anbeten oder sie fürchten sollte. Dass die Götter absolut nichts mit den Abläufen auf Erden zu tun haben, argumentierte bereits Epikur im 4. Jahrhundert v.u.Z., und wie man im Dialog des Minucius Felix sehen kann, war diese Position auch fünfhundert Jahre später noch weit verbreitet.

Epikur wurde in seiner Zeit des Atheismus bezichtigt – eine potenziell gefährliche, politische Anklage, die etwa gegen Sokrates und andere erhoben wurde, die als Bedrohung der traditionellen sozialen Bindungen gesehen wurde – aber er selbst bestand mehrmals darauf, dass er die Existenz der Götter nicht leugne. »Halte Gott für ein unvergängliches und glückseliges Wesen«, muntert Epikur seinen Schüler Menoeceus auf, »und dichte ihm nichts an, was entweder mit seiner Unvergänglichkeit unverträglich ist oder mit seiner Glückseligkeit nicht im Einklang steht«.[63] Das Problem besteht seiner Meinung nach darin, dass die Götter nicht so sind, »wie die große Menge sie sich vorstellt.«[64] Im Grunde ist es diese landläufige Ansicht – zudem für die meisten religiösen Kulte der Antrieb zur ängstlichen Sorge, die Götter zu besänftigen und gütig zu stimmen –, der man Gottlosigkeit vorwerfen sollte. Man kann, nach Epikur, einen Gott nicht stärker beleidigen als durch den Versuch, seine Hilfe in der Not in Anspruch zu nehmen: »Was glückselig und unvergänglich ist, ist nicht nur selbst frei von jeder Störung, sondern bereitet auch keinem anderen irgendwelche Störung; es hat also nichts zu schaffen mit Zorn und Gefälligkeit.«[65] »Gottlos aber ist nicht der, welcher mit den Göttern des gemeinen Volkes aufräumt«, schrieb Epikur, »sondern der, welcher den Göttern die Vorstellungen des gemeinen Volkes andichtet.«[66]

Im 1. Jahrhundert v. Chr. goss der römische Dichter Lukrez die materialistische Philosophie Epikurs in geschmeidige lateinische Hexameter und machte so die Theorie, dass die Götter keinerlei Interesse am menschlichen Leben haben, für jemanden wie Caecilius leicht zugänglich. In der Perspektive der Theologie und in der des gesunden Men-

---

63 Diogenes Laertius: *Leben und Meinungen berühmter Philosophen.* Hg. von Klaus Reich, übers. von Otto Apelt. 2 Bde. Hamburg (Felix Meiner) 2008, Bd. 2, S. 262 = 10:123.
64 Ebd., S. 262 = 10:123.
65 Ebd., S. 269 = 10:139.
66 Ebd., S. 262 = 10:123.

schenverstandes erschien es nur sinnvoll, dass die Götter sich ihren eigenen süßen Lüsten hingeben und völlig gleichgültig bleiben gegenüber Kreaturen wie uns, gegenüber unseren Handlungen, ob tugend- oder lasterhaft. Die Idee, dass die Götter die Welt planvoll zum Wohle des Menschengeschlechts erschaffen haben, ist lächerlich, und lächerlich ist auch die Vorstellung, dass wir den Göttern Dank für ihre Segnungen zu zollen haben, auf dass sie uns noch reicher segnen. »Welchen Vorteil«, fragt Lukrez, »könnten sie, die doch selig sind und unsterblich, aus unserer Gunst ziehen?«[67] Wir sollten zu beten aufhören und unsere Energien stattdessen in die Vergrößerung des Genusses und die Minderung des Schmerzes investieren. Solcherlei Ansichten wurden zwar energisch angefochten und kritisiert, aber sie gaben keinen Anlass zu Verfolgungen. Wie man sowohl bei Cicero als auch bei Minucius Felix deutlich sehen kann, waren die entsprechenden Argumente verfügbar und in aller Munde.

Dennoch wäre es irreführend, die römische Gesellschaft als »tolerant« in Religionsangelegenheiten zu bezeichnen, denn es existierte kein einzelner, dominanter Kult, es gab keinen absoluten Autoritätsanspruch, keinen Ausgrenzungsimpuls und entsprechend auch keine überschreitbare Grenze des Wohlanständigen. Toleranz bedeutet immer, einen Widerstand zu überwinden. Auf einem Schild vor der Kirche steht in den drei Sprachen Spanisch, Englisch, Arabisch: »Egal, wo du herkommst, wir sind froh, dich als Nachbarn zu haben.« »Alle sind willkommen. Hass hat hier nichts verloren.« heißt es auf einem Poster im Fenster des nahe gelegenen Ladens. »Refugees and Immigrants welcome here« verkündet eine Tafel in einem Vorgarten,

---

[67] Lukrez: *Über die Natur der Dinge*. Neu übers. und reich kommentiert von Klaus Binder. Berlin (Galiani) 2014, S. 176 = 5:165f.

»No Muslim Ban. No Border Wall. Our Cities Stand Tall.« Noch vor wenigen Jahren wäre das schwer nachzuvollziehen gewesen – nicht, weil es keine Bigotterie gegeben hätte, sondern weil bis vor Kurzem kein Vorsitzender einer großen politischen Partei im zeitgenössischen Amerika öffentlich für religiöse Diskriminierung eingetreten war, Migranten als »Tiere« bezeichnet oder Hass zwischen Ethnien geschürt hatte. Sobald solche giftigen Worte gesprochen werden, werden auch solche Schilder wichtig.

Ich wäre schockiert und erschüttert, wenn ich vor einem öffentlichen Gebäude in Cambridge, Massachusetts, wo ich lebe, ein Schild sehen würde, auf dem steht: »Juden werden in dieser Stadt geduldet.« Wenn sich aber die Städte rundum in der Umgebung rühmen würden, *judenrein*[68] zu sein, dann würde ich doch etwas Erleichterung und Sicherheit verspüren. »Andere Menschen und ihren Lebensstil zu tolerieren«, schrieb der Philosoph Bernard Williams, »wird dann nötig, wenn es schwierig wird.«[69] Die Überwindung eines Widerstandes oder einer Ablehnung ist mitgemeint. »Dulden heißt beleidigen«, schrieb Goethe.[70] In dieser Weise verdammte auch Thomas Paine die Toleranz, denn sie erschien ihm widerwillig und anstößig. »Toleranz ist nicht das Gegentheil von Intoleranz«, schrieb er, »sondern ihr Nachbild.«[71]

---

68 Deutsch im Original. (T.R.)

69 Bernard Williams: *Toleration: An Impossible Virtue?* In: *Toleration: An Elusive Virtue*, hg. von David Heyd. Princeton (Princeton University Press) 1998, S. 18 (Übers. T.R.).

70 Johann Wolfgang Goethe: *Sprüche in Prosa. Sämtliche Maximen und Reflexionen*. Hg. von Harald Fricke (= Sämtliche Werke, Briefe, Tagebücher und Gespräche. Abt. I, Bd. 13). Frankfurt a.M. (Deutscher Klassiker Verlag) 1993, S. 249.

71 Thomas Paine: *Die Rechte des Menschen. Eine Antwort auf Herrn Burke's Angriff gegen die Französische Revolution.* Übers. von Meta Forkel-Liebeskind. Berlin (Vossische Buchhandlung) 1792, S. 87.

Toleranz und Intoleranz waren für Paine gleichermaßen Despotismen: »Die eine maaßt sich das Recht an, die Gewissensfreiheit zu rauben, die andre, sie zu gewähren. Die eine ist der Pabst, mit Feuer und Scheiterhaufen bewafnet; die andre der Pabst, der Ablaß verkauft oder verschenkt.«[72] Paine war Deist, stand aber der institutionalisierten Religion feindlich gegenüber und glaubte, dass Religionsfreiheit zu den natürlichen Rechten des Menschen zählt. Deshalb nahm er Anstoß an der Vorstellung, eine Institution könne sich legitimerweise anmaßen, etwas zu tolerieren, oder ebenso gut, etwas legitimerweise zu verfolgen, was doch jedermann selbst wählen oder verschmähen könne.

Wenn es für die Religionsfreiheit im alten Rom keine starke Stimme, wie die Paines, gab, dann deshalb, weil die Römer die Erfahrung der systematischen, religiösen Verfolgungen nicht teilten, gegen die sie sich hätten wenden können. Sie hatten weder ein Konzept von Toleranz noch eine Kritik an diesem Konzept nötig. Stattdessen lebten sie für Jahrhunderte behaglich inmitten eines vielfältigen Gedrängels von kultischen Praktiken, die sich der verschiedenen Bedürfnisse, Sehnsüchte und Ängste einer großen und diversen Bevölkerung annahmen.

Selbst die Formulierung schwerwiegender Zweifel über die Natur und die Macht der Götter schien kaum einen oder keinen Anlass für Unwohlsein gegeben zu haben. In den Augen der Epikureer war es ein Fehler, vor den Göttern herumzukriechen, ob voll frommen Schreckens oder in tränenreicher Dankbarkeit. Das Ziel lag für diese aufgeklärte Minderheit darin, sich über die fanatischen Sorgen, die die Mehrheit der Menschheit fest im Griff haben, zu erheben, und jene gleichmütige Ruhe zu erreichen, die sich aus der sicheren Erkenntnis der eigentlichen Natur der

---

72 Ebd., S. 87f.

Dinge herleitet. In einer berühmten und verstörenden Passage findet Lukrez für diese Ruhe das Bild eines Menschen, der vom Ufer aus das Unheil eines mit der stürmischen See kämpfenden Schiffes betrachtet. Aber der Dichter bemerkt: »Nicht das Leiden anderer ist Quelle dieses süßen Gefühls, erfreulich vielmehr ist es zu sehen, von welchem Unglück du selbst verschont bist«[73]. Zu diesem Unglück zählt vor allem auch die abergläubische Angst vor göttlicher Strafe – aber Lukrez legt nirgendwo nahe, dass die Eingeweihten der epikureischen Weisheit um jeden Preis versuchen sollen, andere vor ihren närrischen Überzeugungen zu retten und sie daran zu hindern, dem Bacchus Ziegen zu opfern oder dem Serapis eine Kusshand zuzuwerfen. Was die Aufgeklärten tun können, ist bloß, ihre eigenen rationalen Überzeugungen so beredt und überzeugend wie möglich darzulegen und darauf zu hoffen, dass ihnen jemand zuhört. Und andersherum waren die Anhänger des einen oder anderen Gottes ihrerseits nicht angehalten, die Epikureer vor ihrer religiösen Gleichgültigkeit zu bewahren und sie zur Anerkennung der göttlichen Allmacht zu treiben.

Zweifellos war militante Gottlosigkeit verpönt, und ihre tragische, verdiente Bestrafung wurde von den Dichtern pflichtgemäß dargestellt. In Statius' Epos *Thebais* wird der wahnsinnige Krieger Capaneus, der Bacchus und Herkules als »der verfluchten Erde schläfrige Söhne« (*infandae segnes telluris alumni*)[74] verunglimpft und Jupiter selbst herausfordert, vom göttlichen Blitzschlag eingeäschert. (Viele Jahrhunderte später lässt ihn Dante für immer im Höllen-

---

73 Lukrez: *Über die Natur der Dinge*. Neu übers. und reich kommentiert von Klaus Binder. Berlin (Galiani) 2014, S. 71 = 2:3 f.
74 Statius: *Thebais/Die Sieben gegen Theben*. Lat./Dt. Eingeleitet, übers. und erläutert von Hermann Rupprecht. Mitterfels (Stolz) 2000, S. 372 f.

kreis der Gotteslästerer brennen.) Aber in der echten Welt gab es kaum, ja gar keine Strafen für radikalen Skeptizismus. Für den größten Teil ihrer langen Geschichte besaßen die Römer keine zentrale Stelle, um Orthodoxie in Glaubensfragen durchzusetzen oder Abweichler zu verdammen. Glühende Verehrer eines bestimmten Gottes mochten zuweilen dessen Vormachtstellung behaupten, aber im Großen und Ganzen gelang das einvernehmliche Zusammenleben. Wenn die Prostituierte Thais im *Eunuchus* des Terenz ankündigt, sie habe »ein Opfer dargebracht und wolle mit mir / Was Wichtiges besprechen«[75], dann fragt niemand besorgt danach, welche Götter sie denn verehrt.

---

75 Terenz: *Komödien*. Bd. II. Lat./Dt. Hg., übers. und kommentiert von Peter Rau. Darmstadt (Wissenschaftliche Buchgesellschaft) 2012, S. 55 = V.513f.

III.

Bis zum Auftritt des Christentums war Rom einem regelrechten Bedürfnis nach Toleranz nur gegenüber einem so halsstarrigen Grüppchen wie den Juden nachgekommen, deren Gott argwöhnisch darauf bestand, dass das auserwählte Volk keinen Gott neben ihm haben sollte. Der Wortlaut dieser Forderung, Teil der Zehn Gebote im Buch Exodus und im Buch Deuteronomium wiederholt, könnten so verstanden werden, dass Jahwe einen Platz als *primus inter pares* fordert. Aber in der Interpretation von Propheten wie Ezechiel und Jeremia schloss das Gebot für die Juden jegliche auf das Spektrum der Gottheiten verteilte Frömmigkeit und Verehrung aus, wie bescheiden oder beiläufig auch immer. Man konnte nicht am Morgen ein Schaf für Jahwe opfern und am Nachmittag einen Stier für Mithras.

Die donnernde Verurteilung solcher Vielgötterei impliziert, dass solche Praktiken in der Tat gang und gäbe waren, und zwar nicht nur verstohlen oder mit schlechtem Gewissen. Wenn Jeremia im Namen des Herrn die Frauen von Jerusalem anklagt, Aschera oder Venus Opfer darzubringen, räumen sie nicht verschämt das Feld. Gegenüber dem Zorn des Propheten erheben sie ihre Stimmen für sich und antworten entrüstet: »Wenn wir der Himmelskönigin Räucheropfer darbringen und ihr Trankopfer ausgießen: Geschieht es denn ohne unsere Männer, dass wir für sie Opferkuchen mit ihrem Bild zubereiten und ihr Trankopfer ausgießen?« (Jeremia 44:19, EÜ) Jahwes Anspruch auf den ersten Platz schließt in ihren Augen die Verehrung anderer Götter nicht aus.

Vielleicht konnten die Römer unter diesen jüdischen Frauen eine gewisse Ähnlichkeit mit ihrem eigenen entspannten Polytheismus erkennen und sie entsprechend mit einer gewissen Gleichmütigkeit betrachten. Nichts als eine weitere Religion unter den Dutzenden und Aberdutzenden von Religionen im großen Imperium. Wer aber etwas genauer hinhörte, der konnte in den zornigen Worten der hebräischen Propheten eine durchaus andere Position vernehmen, die vom Volk Jahwes exklusive und absolute Gefolgschaft forderte: »Du sollst keine anderen Götter neben mir haben.«

Einige Passagen der hebräischen Bibel gingen noch weiter. »Der Herr ist der Gott, kein anderer ist außer ihm«, heißt es im Deuteronomium (4:35, EÜ). Jesaja legt Jahwe eine noch stärkere Behauptung in den Mund: »Vor mir wurde kein Gott erschaffen und auch nach mir wird es keinen geben.« (43:10, EÜ) Der Prophet scheut keine Mühe, um zu verdeutlichen, dass diese Behauptung mehr ist als ein momentaner Lobpreis: »So spricht der Herr, Israels König, sein Erlöser, der Herr der Heerscharen: Ich bin der Erste, ich bin der Letzte, außer mir gibt es keinen Gott.« (44:6, EÜ) Im ersten Buch der Könige bezieht sich Salomon auf diese Aussagen und betet darum, dass »alle Völker der Erde erkennen, dass niemand Gott ist als der Herr allein.« (1. Könige 8:60, EÜ)

Einem Römer, der sich die Mühe machte, auf solche Worte zu achten, müssen sie wie die Wunschphantasien eines randständigen und unsicheren Volkes erschienen sein, wie die Träume von Triumphen, die sich in aller Ewigkeit nicht einstellen würden. Der Prophet Jesaja etwa versuchte das Selbstbewusstsein seiner Gefolgsleute so zu stärken: »So spricht der Herr: Die Ägypter mit ihren Erträgen, die Kuschiter mit ihrem Gewinn und die groß gewachsenen Sebaiter werden zu dir kommen und dir gehören; in Fesseln werden sie hinter dir herziehen. Vor dir werfen sie sich nieder und flehen zu dir: Nur bei dir ist Gott und sonst gibt es keine Götter.« (45:14, EÜ) Die Römer wussten aus täglicher Erfahrung, was es bedeutet, die Erträge der Ägypter abzuschöpfen und die Gewinne der Kuschiter zu verschieben und groß gewachsene Männer in die Knie zu zwingen. Sie dürften solch hohle Großsprecherei wohl mit einem selbstgefälligen Lächeln quittiert haben.

Im Herbst des Jahres 40 n. Chr. geruhte Kaiser Caligula, eine Gesandtschaft von Juden aus Alexandria anzuhören, denn dort hatten Spannungen zwischen der Gemeinde, den Griechen und den Ägyptern zu blutigen Ausschreitungen geführt. Die Gesandtschaft war äußerst besorgt. Obwohl der Kaiser wohl wusste, dass die Juden sich weigerten, ihn als einen Gott zu verehren, waren auf seinen Befehl hin Standbilder von ihm in den Synagogen von Alexandrien aufgestellt worden. (Später sollte Caligula noch verfügen, dass eine ihm geweihte Kolossalstatue im Tempel von Jerusalem aufgerichtet wird.) Nach dem Zeugnis des Philo, der Teil dieser Gesandtschaft war und eine Beschreibung der Begegnung hinterlassen hat, richtete der Kaiser Worte an sie, die ihre Angst noch steigerte. »Denn mit einem höhnischen Lächeln bemerkte er: ›Ihr seid also die Gottesverächter, die nicht glauben, ich sei ein Gott, ich der ich schon bei allen anderen anerkannt bin, sondern ihr glaubt an den für euch unbenennbaren Gott!‹«[76] In einem verzweifelten Versuch, ihre Loyalität zu beweisen, versicherten die Juden dem Kaiser, dass ihr Volk bereits dreimal Opfer für seine Sicherheit und seinen Erfolg dargebracht habe, aber der Zorn des Kaiser war nicht beschwichtigt: »›Das mag wahr sein‹, erwiderte er, ›ihr habt geopfert, aber einem anderen Gott, wenn es auch für meine Person gewesen ist. Was hilft das, ihr habt ja nicht mir geopfert.‹«[77]

---

[76] Philo von Alexandria: *Die Werke in deutscher Übersetzung*. Hg. von Leopold Cohn, Isaak Heinemann, Maximilian Adler und Willy Theiler. Bd. VII. Berlin (de Gruyter) 1964, S. 261 f.
[77] Ebd., S. 263.

Aber gerade in dem Moment, als sich die schlimmsten Befürchtungen zu bewahrheiten schienen – »uns packte gleich im Innersten ein Schauer«,[78] erinnert sich Philo –, wandte sich das Gespräch in eine völlig andere Richtung. Der Kaiser war abgelenkt, seine Aufmerksamkeit richtete sich auf einige gestalterische Lösungen im Garten des Maecenas, wo er die Gesandtschaft empfangen hatte. Während die schlotternden Gesandten kleinlaut hinter ihm hergingen, warf er einen Blick in verschiedene Räume der äußeren Gebäude, bemäkelte einige architektonische Entscheidungen, die er für mangelhaft hielt, und schlug kostspielige Änderungen und Verbesserungen vor. Auf einen Schlag schien er sich plötzlich wieder daran zu erinnern, mit wem er eigentlich sprach, und fragte die Juden: »Warum enthaltet ihr euch des Genusses von Schweinefleisch?«[79] Nach einem kurzen Wortwechsel über die jeweiligen Qualitäten von Schweine- und Lammfleisch verlor der Kaiser offenbar wieder das Interesse: »›Er wurde weicher und sagte nur: ›Sie scheinen mir weniger schlechte als armselige Menschen zu sein, Dummköpfe, die nicht glauben wollen, daß mir eines Gottes Natur gehört.‹«[80] Die Juden schrieben ihre Rettung der Macht des »einen wahren Gottes« zu, aber es hat den Anschein, dass sie sie dem Interesse des Kaisers für Innenarchitektur verdankten sowie seinem Überdruss, sich mit Leuten abzugeben, die ihm nichts als lästig waren. Nur ein Jahr später war Caligula tot, ermordet von Prätorianeroffizieren.

Als Kaiser Titus im Jahr 70 die Belagerung von Jerusalem vollendete, die hebräische Revolte niederschlug und den Tempel von Jerusalem plünderte, erfüllte er die Pro-

---

78 Ebd., S. 263.
79 Ebd., S. 263.
80 Ebd., S. 264.

phezeiung, die Vergil dem Vater des Aeneas in der Unterwelt in den Mund gelegt hatte:

Du, Römer, sollst, dessen sei dir bewusst, Völker unter deiner Hoheit lenken/(dies werden die dir verliehenen Gaben sein) und Regeln verordnen dem Frieden:/Schonung für den unterlegenen, aber Kampf bis zum Ende gegen den widersetzlichen Feind.[81]

Debellare superbos: Jahwes Hochmut wurde erniedrigt und es waren die Juden, nicht ihre Feinde, die in Fesseln hinter den Eroberern herzogen. Auf dem Forum Romanum erinnert der Titusbogen an diesen Triumph und zeigt etwas von der Beute, die fortgeschleppt wurde: die große Menorah, silberne Trompeten, vielleicht die Bundeslade. Die Inschrift feiert Titus als Gott, *Divus Titus*, zusammen mit seinem vergöttlichten Vater Vespasian. So viel zum einen, einzigen Gott, der der erste und der letzte war.

Nach ihrem Sieg gaben sich die römischen Autoritäten nicht der Illusion hin, sie könnten den Gott der Juden einfach zu einem ihrer eigenen Götter machen. Wäre die Verehrung Jahwes ein Kult wie andre auch gewesen, etwa wie die Verehrung des Serapis, dann hätte es keinen großen Aufwand bedeutet, ihm einen Platz zuzuweisen. Aber der römische Historiker Tacitus, der um das Jahr 100 herum schrieb, sah nur zu deutlich, dass der Gott der Juden nicht so einfach aufgesogen werden konnte wie ein Serapis. Die Juden würden in den polytheistischen religiösen Praktiken seiner Gesellschaft niemals heimisch werden. Ihr Gott, das verstand Tacitus, würde sich dagegen verwahren, mit Ju-

---

[81] Vergil: *Aeneis*. Lat./Dt. Hg. und übers. von Edith und Gerhard Binder. Stuttgart (Reclam) 2008, S. 333 ff. = VI, 851 ff.

piter, Sol Invictus oder Theos Hypsistos identifiziert zu werden.

Der christliche Apologet Octavius ist in seiner Haltung gegenüber den Göttern Roms deutlich von jüdischen Quellen beeinflusst. Die frömmsten unter den Verehrern Jahwes betrachteten andere Gottheiten als Dämonen oder aber als absurde Holzklötze. Jeder, den es interessierte, konnte das spöttische Portrait nachschlagen, das der Prophet Jesaja von einem heidnischen Bildhauer gegeben hatte, der einen Baum fällt, ein Bild seines Gottes aus ihm schnitzt und den Rest des Holzes verheizt:

> Und es dient dem Menschen zum Heizen; er nimmt davon und wärmt sich. Auch schürt man das Feuer und bäckt damit Brot. Oder man schnitzt daraus einen Gott und wirft sich nieder vor ihm; man macht ein Götterbild und fällt vor ihm auf die Knie. Einen Teil des Holzes verbrennt man im Feuer, darüber isst man das Fleisch; man brät einen Braten und sättigt sich. Auch wärmt man sich am Feuer und sagt: Oh, wie ist mir warm! Ich sehe das Feuer. Aus dem Rest des Holzes aber macht man sich einen Gott, sein Götterbild, vor das man sich beugt und niederwirft, zu dem man betet und sagt: Rette mich, du bist doch mein Gott!
> (Jesaja 44:15-17, EÜ)

Es ist ausgesprochen unwahrscheinlich, dass sich griechische oder römische Polytheisten in dieser Karikatur wiedererkannt haben. Ihnen war bewusst, dass ein Bildhauer in seinem Werk nicht Jupiter oder Venus als tatsächliche Gottheiten verehrte, sondern eher als eine Repräsentation. Jesajas Spott muss ihnen wie eine wohlfeile Pointe vorgekommen sein, die auf einem fundamentalen und vielleicht sogar taktisch vorgegebenen Missverständnis beruhte; es arbeitete einem grundsätzlichen Verbot bildlicher Darstellungen Gottes zu. Tacitus, dem die Riten der Juden »verwerflich und abscheulich«[82] (*sinistra foeda*) vorkamen, notierte etwas säuerlich, dass sie ein bloß geistiges Konzept eines einzigen Gottes besitzen. Diese oberste und einzige Gottheit, dachten sie, sei ein grenzenloses Wesen, das nicht dargestellt werden kann. Deshalb betrachten die Juden jeden als gottlos, »der nach menschlichem Gleichnis Götterbilder aus irdischem Stoff gestaltet«.[83]

»Verwerflich und abscheulich« – im Unterschied zu etwa »gefährlich und obszön« – ist genau jene Art Urteil, vor deren Hintergrund die Toleranz des anderen möglich und bedeutsam wird. Tacitus selbst war nicht darauf vorbereitet, für eine solche Toleranz einzutreten. Es traf ihn wie ein Schlag, dass die Juden so viel geschmacklose Verachtung für etwas an den Tag legten, was Rom schön sein ließ: für die Darstellungen der Götter nach dem Ebenbild des Menschen, die jeden Tempel, jeden Hausaltar und jeden Schrein auf der Straße schmückten. Er wies zudem darauf hin, dass die Weigerung der Juden, Statuen in ihren Städten, geschweige denn in ihren Tempeln aufzustellen, auch zur Folge hatte, dass sie die Anbetung nicht nur ihrem eigenen König schuldig blieben, sondern auch Caesar. Untereinander sind sie überaus loyal, schrieb Tacitus, aber gegenüber jedem anderen Volk empfinden sie nur Hass und Feindschaft. Sie bleiben unter sich, essen unter sich, schlafen unter sich und weigern sich, sich mit fremden Frauen zu vereinigen. Engstirnige, stammesfixierte Misanthropen, die nichts als Aufruhr und Unzufriedenheit säen. Jedweder Römer, der sich auf ihre Religion einlässt, lernt

---

82 Tacitus: *Historien*. Lat./Dt. Hg. von Joseph Borst unter Mitarbeit von Helmut Hross und Helmut Borst. München/Zürich (Artemis) 1984, S. 517.
83 Ebd., S. 519.

recht schnell, die traditionellen Werte seines eigenen Volkes zu verachten und sich einer ganzen Reihe haarsträubender Riten zu ergeben. Allerdings machte Tacitus, so sehr es ihn auch verstörte, keinerlei praktische Vorschläge, um auf dieses Problem zu reagieren.

Beschneidung und jüdische Ernährungsvorschriften mögen auf viele Römer abstoßend gewirkt haben, aber sie lösten nicht das aus, was Peter Schäfer in seiner Beschreibung von Tacitus' Ansichten als eine virulente *Judeophobia* bezeichnete[84]. Solange das jüdische Brauchtum keine Bedrohung für die herrschende Kultur war, konnte sie genauso gewohnheitsmäßig toleriert werden wie auch andere besonders abstoßende, aber nicht kriminelle religiöse Praktiken wie selbstverständlich toleriert wurden. Nach dem Bar-Kochba-Aufstand gegen die römische Herrschaft in den Jahren 132 bis 135 folgte in Judäa und anderswo eine Phase der Verfolgung, die diese Toleranz infrage stellte. Aber im Großen und Ganzen ließen die Behörden des Imperiums die Juden ungehindert ihren Ritualen nachgehen.[85] Der hauptsächliche Grund lag darin, dass sich der Kult Jahwes, so abscheulich er sein mochte, durch hohes Alter auszeichnete. Und Alter galt bei den Traditionalisten in Rom viel.

Es gab noch einen weiteren wichtigen Umstand, der erklären kann, warum die Römer die Juden so bereitwillig tolerierten: Gerade weil ihr Gott der Gott der Nachkommen Abrahams war, unternahmen die Anhänger Jahwes keiner-

---

84 Vgl. Peter Schäfer: *Judeophobia. Attitudes Toward the Jews in the Ancient World*. Cambridge (Mass.) (Harvard University Press) 1997, S. 31 ff.
85 Vgl. Hanan Eshel: *The Bar Kochba Revolt, 132-135* und Amnon Linder: *The Legal Status of the Jews in the Roman Empire*. Beide in: *The Cambridge History of Judaism. Bd. 4: The Late Roman-rabbinic Period*, hg. von Steven T. Katz. Cambridge (Cambridge University Press) 2006, S. 105-173.

lei Versuche, alle anderen zu ihrer Religion zu bringen. Die Religion der Hebräer war in erster Linie eine Stammesangelegenheit, sie war ein Glaube, in den man hineingeboren wurde. Sie war sozusagen mit dem Territorium verwachsen, und wenn Juden dieses Territorium verließen, weil sie etwa freiwillig oder unfreiwillig von Jerusalem nach Rom gebracht wurden, dann nahmen sie gleichsam das Territorium in ihren Herzen mit. Juden mochten von dem Tag geträumt haben, an dem die ganze Welt ihren Gott als den einzigen Gott anerkannt haben würde, aber in der Hauptsache vertrauten sie diese allumfassende Transformation dem Ende der Zeit an und begnügten sich inzwischen damit, ihrerseits auserwählt zu sein. Die Anhänger Jahwes teilten mit den Anhängern anderer Gottheiten, die im Altertum nebeneinander lebten, dass sie fast jeglichen missionarischen Eifer vermissen ließen.

Genau genommen kennen auch die hebräischen Schriften einige Geschichten von Fremden, die sich für die Verehrung Jahwes entschieden. Die berühmteste unter ihnen ist sicherlich die der Moabiterin Rut, die sagte: »Dein Volk ist mein Volk und dein Gott ist mein Gott.« (Rut 1:16, EÜ) Und in ihrem eigenen kleinen Territorium, darin ganz besonders in ihren Tempelbezirken, konnten die Juden bei religiösen Differenzen grimmig intolerant sein, wozu ihre Propheten sie oft genug ermunterten. Nach Josephus, einem jüdischen Historiker des 1. Jahrhunderts n. Chr., hatte die in Judäa bis 37 v. Chr. herrschende Dynastie der Hasmonäer die Edomiter dazu gezwungen, sich zum Judentum zu bekehren oder Exil oder Tod zu erdulden.

Es gibt Beweise für vereinzelte Bekehrungen von Römern zu ihrer Religion. »Wer zu ihrem Kult übertritt«, schreibt Tacitus, nehme auch so unliebsame Sitten wie die Beschneidung und die Tatenlosigkeit am Sabbat an, und es wird »den Proselyten zu allererst das Gebot beigebracht, die Götter zu verachten, das Vaterland zu verleugnen, ihre Eltern, Kinder und Geschwister gering zu schätzen.«[86] In seiner dritten Satire bietet Juvenal eine lange Liste von Gründen auf, warum sein Freund Umbricius Rom verlässt: der Verkehr ist eine Katastrophe, die Korruption blüht, die Kriminalitätsrate steigt, die Müllabfuhr funktioniert nicht richtig, und der Lärm ist unerträglich. Zudem ist die Stadt von Fremden überlaufen, und zwar nicht nur von diesen abscheulichen Griechen: »jetzt wird der Hain mit der heiligen Quelle und der Tempel an Juden vermietet.«[87]. In einer anderen Satire zeichnet Juvenal das Bild eines Vaters, der den Brauch, den Sabbat zu ehren, an seinen Sohn weitergibt. Von da an ist es nur noch ein kleiner Schritt, »nichts außer den Wolken anzubeten«, kein Schwein mehr zu essen und die Beschneidung zu akzeptieren: »Gewohnt aber, die römischen Gesetze geringzuschätzen, lernen sie das jüdische Recht genau, beachten und fürchten es, ganz wie Moses es ihnen in geheimer Rolle überlieferte.« Für all diese Ungeheuerlichkeiten aber, schreibt Juvenal, »liegt die Schuld beim Vater, der an jedem siebten Tag müßig war und keinen Teil des Geschäftslebens anrührte.«[88]

Aber solche Klagen sind relativ selten. Die geopolitisch schwache Position der Juden verhinderte gemeinhin den Impuls sowohl zur Verfolgung als auch zur Proselytenmacherei. In der riesigen Ausdehnung des römischen Imperiums gab es zwar jüdische Gemeinden, die Konversion erlaubten, aber selten strebten sie sie an oder ermunterten dazu, geschweige, dass sie jemanden zwangsbekehrten. Mit

---

86 Tacitus: *Historien*. Lat./Dt. Hg. von Joseph Borst unter Mitarbeit von Helmut Hross und Helmut Borst. München/Zürich (Artemis) 1984, S. 517 = 5:5.
87 Juvenal: *Satiren*. Lat./Dt. Hg., übers. und mit Anmerkungen versehen von Joachim Adamietz. München (Artemis & Winkler) 1993, S. 37 = III, 13 f.
88 Ebd., S. 283 = XIV, 96-106.

Blick auf ihre lange und unheilvolle Geschichte waren sie vielleicht dankbar, ihren Gott einfach nur ihrem Glauben gemäß verehren zu dürfen. Aus ihren alten Geschichtsbüchern konnten sie lernen, wie kostbar diese Erlaubnis war.

Aus der Perspektive der römischen Behörden wurde das Ansehen der jüdischen Altehrwürdigkeit noch dadurch erhöht, dass sich die *kohenim* dazu bereit erklärt hatten, für den Kaiser zu beten. Eine Statue des vergöttlichten Kaisers konnte in einem jüdischen Tempel nicht gutgeheißen werden; es wäre ein Verstoß gegen das zweite Gebot gewesen. Aber Juden konnten Jahwe anflehen, den Herrscher zu segnen, wie sie es für Caligula und andere taten. Für unsere Führer zu beten – was für mich als Kind ein besonders amerikanischer und peinlicher Zug der Liturgie gewesen war (besonders beschämend natürlich dann, wenn ich mit der Regierung nicht einverstanden war) –, erweist sich als eine uralte Praxis, die einschneidende Folgen hatte.

IV.

Die Anhänger Jesu begannen als Juden, und die Römer werden anfangs entsprechend auf sie reagiert haben. Schließlich behaupteten sie, Jahwe zu verehren, in dem sie den einzigen wahren Gott sahen. Zwar wurde diese Saite in der griechischen oder römischen Welt so gut wie nie angeschlagen, aber durch die Juden war man doch so vertraut damit, dass ein Tacitus einfach nur das Gesicht in Abscheu verzog und versuchte, sich eben mit diesen Fanatikern abzufinden.

Wie die Juden, aus denen sie hervorgingen, verwarfen die Anhänger Jesu jeden anderen Kult und behaupteten, dass die altehrwürdigen Formen der Frömmigkeit Gottes Zorn heraufbeschwören würden. »Tempel verachten sie, als ob es Gräber wären«, beschwert sich der Polytheist Caecilius in Minucius Felix' *Octavius*, »vor Götterbildern speien sie aus, verlachen die heiligen Opfer.«[89] Das war ärgerlich genug. Aber die Christen bewiesen darüber hinaus fast von Anfang an, dass sie sich nicht mit dem Einflussbereich ihres Stammes zufriedengeben würden, wie er die Juden begrenzte. Ganz im Gegenteil war ihr Kult in stetem Wachstum begriffen. In ihren Rekrutierungsanstrengungen unterschieden sie nicht zwischen den Wohlgeborenen und dem einfachen Volk, zwischen den Militär- und Verwaltungseliten und dem Pöbel, sie wiesen auch Frauen, Sklaven und von der Gesellschaft Verstoßene nicht ab. Vor diesen potenziellen Konvertiten legten sie als Köder die Erlösung aus, das heißt innerliche, spirituelle Befriedigung in diesem Leben und das Versprechen auf unendlichen Lohn im nächsten.

Caecilius, der sich beklagt, dass die Christen höhnisch die Polytheisten verlachen, lässt sich seinerseits den Hohn

---

[89] Minucius Felix: *Octavius*. Lat./Dt. Hg., übers. und eingeleitet von Bernhard Kytzler. München (Kösel) 1965, S. 69 = 8:4.

nicht nehmen. Er beschreibt die Christen so: »Aus der untersten Hefe des Volkes sammeln sich da die Ungebildeten und die leichtgläubigen Weiber, die wegen der Beeinflußbarkeit ihres Geschlechtes ohnedies auf alles hereinfallen«[90]. Octavius aber weigert sich, sich für den niedrigen Stand seiner Gefährten zu entschuldigen. Seine würdevolle Antwort lautet, »daß alle Menschen, ohne Unterschied des Alters, Geschlechtes und Ranges erschaffen sind im Besitz und zum Gebrauch von Vernunft und Bewußtsein«[91]. Besitz und Status entscheiden nicht über den Zugang zur Wahrheit, und es gibt keinen Grund, sich zu entrüsten oder zu beschweren, »wenn ein gewöhnlicher Mensch nach dem Überirdischen fragt, es beurteilt und auch ausspricht«[92]. Mit einem solchen Leitgedanken nimmt es nicht wunder, dass die Christen ausgesprochen erfolgreich darin waren, Gefolgsleute anzuziehen. Sie verstärkten ihre Attraktivität zusätzlich, indem sie den Bedürftigen Almosen gaben und sich um die Kranken kümmerten – all das erstaunlich gut organisiert.

Bestimmte Teile der römischen Bevölkerung, ob hohe oder niedere Stände, fühlten sich schon seit Langem zu den Mysterienkulten des Ostens hingezogen – so waren sie etwa verrückt nach dem persischen Mithras, dessen von warmem Bullenblut überflossener Altar ein Spektakel bot, oder bereits früher nach dem griechischen Dionysos, dessen göttliches Bild, in ein Tigerfell gehüllt und den Thyrsosstab schwingend, über ekstatische Rituale wachte. Solche enthusiastischen Ausbrüche wurden von den öffentlichen Ämtern, die mit der Erhaltung der Ordnung betraut waren, nicht aus den Augen gelassen. Es war ihnen völlig gleichgültig, welche Modegottheit die Masse gerade verehrte, aber

---

90 Ebd., S. 67 ff. = 8:4.
91 Ebd., S. 95 ff. = 16:5.
92 Ebd., S. 97 = 16:6.

sobald sich die Verehrung in Richtung Fleischeslust oder Gewalt bewegte, schritt der kaiserliche Apparat ein, wies die unbotmäßigen Gläubigen in die Schranken und drängte sie, zu einvernehmlicheren Formen der Frömmigkeit zu finden.

Der Kult des Bacchus, der römischen Form des Dionysoskultes, erwies sich als besonders schwer zu zügeln – da er gerade darauf ausgelegt war, alle Verhaltensnormen zu brechen. Die Bacchanalien, ekstatische, nächtelange Feste zu Ehren des Gottes, wurden immer populärer und heftiger, besonders im griechischsprachigen Süditalien. Von Berichten über Alkoholexzesse alarmiert, ließen sich die Autoritäten der römischen Republik im zweiten Jahrhundert v.u.Z. zu einer systematischen Unterdrückungskampagne im ganzen Imperium hinreißen. Diese Kampagne darf, bei aller Strenge, nicht mit religiöser Intoleranz verwechselt werden. Ziel war nicht, die Existenz des Gottes Bacchus zu leugnen, der einer der beliebtesten und verbreitetsten Götter Roms war, es ging einfach darum, dass die Gläubigen sich anständig verhalten sollten.

Der Historiker Livius beschreibt recht detailliert die Anfänge dieser Kampagne gegen die Bacchanalien und auch die Ängste, die sie ausgelöst haben.[93] Der römische Senat wurde auf den Skandal durch die reißerischen Geständnisse einer ehemaligen Eingeweihten, der Prostituierten Hispala Faecenia, aufmerksam und unternahm Anstrengungen, um diesen nächtlichen Riten ein Ende zu setzen. Der Bericht des Livius über diese politische Verfahrensweise wird von einem Dekret des Senates bestätigt, in Bronze graviert und auf das Jahr 186 v.u.Z. datiert, das 1640 in Kalabrien ausgegraben wurde. Das Dekret verbietet es, ohne die ausdrückliche Genehmigung der Behör-

---

93 Vgl. Erich S. Gruen: *The Bacchanalian Affair*. In: ders.: *Studies in Greek Culture and Roman Policy*. Berkeley (University of California Press) 1990, S. 34-78.

den Priester oder Mitglied des Bacchus-Kultes zu werden. Den Gläubigen wird verboten, »sich untereinander zu verschwören, irgend Unordnung zu stiften, miteinander Versprechen oder Verträge zu schließen, Bürgschaften auszutauschen [... oder] die heiligen Riten öffentlich oder privat oder außerhalb der Stadt zu begehen.«[94]

Die Beschreibung der Bacchanalien in dem Geschichtswerk *Ab urbe condita* des Livius ist vielleicht nichts weiter als ein Gewebe wüster Übertreibungen, wie heute viele Historiker glauben, aber sie vermag doch ein Licht auf die Beweggründe der römischen Behörden zu werfen, sich in diesem speziellen Fall gegen das sonst übliche Prinzip der duldenden Gleichgültigkeit gegenüber verschiedenen Religionen und Praktiken zu entscheiden. Livius schreibt: »Wenn der Wein und die Nacht und das Zusammensein von Männern und Frauen, von Jugendlichen und Älteren jeden Sinn für Scham aufgehoben hatte, kam es zuerst zu Ausschweifungen jeder Art, weil jeder zu dem, wozu er von Natur aus größere Lust verspürte, das Vergnügen bei der Hand hatte.«[95] Nicht genug mit dieser Einladung an den nüchternen Leser, sich geschmacklosen Phantasien hinzugeben, Livius gibt auch noch eine scheinbar ungeordnete Liste von anderen Verstößen gegen die grundlegenden Normen jeder zivilisierten Gesellschaft:

Und es blieb nicht bei einer einzigen Art von strafbaren Handlungen, der wahllosen Unzucht mit Freigeborenen und Frauen, sondern auch falsche Zeugen, falsche Siegel, Testamente und Aussagen gingen aus derselben

---

94 Zitiert nach: Ronald Mellor: *The Historians of Ancient Rome. An Anthology of the Major Writings.* London/New York (Routledge) 1997, S. 5 (Übers. T.R.).
95 Livius: *Römische Geschichte. Buch XXXIX-XLI.* Lat./Dt. Hg. von Hans Jürgen Hillen. München (Artemis) 1993, S. 21.

Werkstatt hervor, von dort auch Gifte und heimliche Mordtaten, wobei zuweilen nicht einmal die Leichen zum Begräbnis vorhanden waren.[96]

Wenn gerichtliche Untersuchungen durchaus wenige belastbare Beweise für diese ungeheuerlichen Anklagen zutage förderten, so konnte man diesen Mangel leicht mit dem Schutzmantel der Dunkelheit erklären oder behaupten, dass sich die Anhänger des Bacchus eben besonders auf Fälschung, Lüge und Geheimhaltung verstanden. Sie vermochten es, wie Livius beobachtet, ihre Verbrechen zu verschleiern, selbst wenn es sich nicht um Betrug, sondern um offene Gewalt handelte: »Vieles wurde heimtückisch, das meiste mit Gewalt gewagt. Die Gewalt blieb unentdeckt, da man in dem Geheul und dem Lärm der Tamburine und der Becken keinen Laut der bei den Schändungen und Mordtaten um Hilfe schreienden Opfer hören konnte.«[97]

Jahrhunderte nach der staatlichen Unterdrückung der Bacchanalien wurden ähnliche Anschuldigungen gegen die Christen laut. Nach dem Zeugnis von Minucius Felix und Tertullian hieß es auch von den Anhängern Jesu, dass sie sich im Dunkeln zur Feier kultischer Orgien versammeln würden: nichts als Inzest und Gewalt. In seiner *Historia ecclesiastica* erwähnt Eusebius zudem, dass die entscheidende, belastende Zeugenaussage auch in diesem Fall von einer oder mehreren Prostituierten stammte: ein »Kriegsbefehlshaber, bei den Römern *dux* genannt, zwang einige berüchtigte Frauen, welche er zu Damaskus in Phönizien vom öffentlichen Platze weg hatte verhaften lassen, unter Androhung von Foltern, zu Protokoll zu geben, daß sie einst Christinnen gewesen und um das ruchlose Treiben

---

96 Ebd., S. 21.
97 Ebd., S. 21 f.

der Christen wüßten, daß diese selbst in Gotteshäusern Ausschweifungen begingen«[98].

Diese vermeintlichen Ausschweifungen haben mit den Anklagen gegen die Bacchanalien gemein, dass sie wie überhitzte erotische Tagträume erscheinen. Am ehrwürdigen Festtage des Gottesdienstes, ging das Gerücht, versammeln sich die Christen in einem unterschiedslosen Gemenge von Leuten jeder Klasse und jeden Ranges. Freigeborene und Sklaven, Alte und Junge, Männer und Frauen, Eltern und Kinder, alles vermischt sich zu einer Masse, sie essen und trinken gemeinsam, und die Atmosphäre wird immer erregter. Wenn der richtige Moment gekommen ist, wirft einer von ihnen ein Stück Fleisch gerade außerhalb der Reichweite eines Hundes, der an den Kerzenständer gekettet ist, der den Raum erleuchtet. Wenn der Hund nach dem Fleisch springt, verlöscht plötzlich das Licht und die Orgie beginnt. In der Dunkelheit verbinden sich die Christen mit ihren Nächsten, wer auch immer da liegen mag, ob es nun jemand gleichen Geschlechtes sei oder der Partner des besten Freundes oder das eigene Kind. Nachdem er diese ungeheuerlichen Anschuldigungen im *Octavius* vorgebracht hat, argumentiert Caecilius, dass auch die Vereinigungen, die vielleicht zufällig mit einem weniger abscheulichen Partner zustande kommen, eine Abscheulichkeit bleiben. Alle machen sich gleichermaßen des Inzests schuldig, bemerkt er angewidert, »wenn nicht durch die Tat, so doch durch die Mitwisserschaft; denn was auch immer sich bei den Handlungen der einzelnen ereignen mag, es liegt ja in der Absicht aller.«[99]

---

98 Eusebius von Caesarea: *Kirchengeschichte*. Übers. von Philipp Haeuser. Mit einem Geleitwort von Andreas Bigelmair. München (Kösel) 1932, S. 413 f.
99 Minucius Felix: *Octavius*. Lat./Dt. Hg., übers. und eingeleitet von Bernhard Kytzler. München (Kösel) 1965, S. 73 = 9:7.

Als ob Inzest und andere erotische Zügellosigkeiten nicht schon genug wären, brachten die Verleumder auch noch vor, dass die Christen Kinder opfern und essen würden, dass sie jeden bestrafen würden, der sich vor ihren obszönen Riten zierte, dass sie die Genitalien ihrer Priester und den Kopf eines Esels anbeten würden, und noch andere Scheußlichkeiten mehr. Diese irrwitzigen Erzählungen stammen in etwa aus der gleichen Zeit wie der *Goldene Esel* des Apuleius mit seinen ausgefallenen Geschichten über Sex und Gewalt. Das ist der springende Punkt: Die skandalösen Gerüchte rund um das frühe Christentum sind nicht nur recycelte Anschuldigungen gegen die Bacchanalien, sie stammen auch aus dem Fundus der erotischen Phantasie Roms. Aber wieso sollten diese grotesken Anklagen auf ein so wenig plausibles Ziel wie die Christen gerichtet werden? Und wer genau erhob diese Anklagen?

Verschiedene Erklärungen dafür sind vorgebracht worden. Der traditionelle Friedenskuss der Christen – die zeremonielle Begrüßung der Gläubigen in der Messe – könnte eine Ursache für die Erzählungen über Promiskuität gewesen sein. Paulus' Rhetorik der Teilhabe – »so sind wir, die vielen, ein Leib in Christus, als Einzelne aber sind wir Glieder, die zueinander gehören« (Römer 12:5, EÜ) – könnte Inzestphantasien angeregt haben, zumal wenn man sie mit den Worten Jesu im Matthäus-Evangelium zusammen liest: »Und er streckte die Hand über seine Jünger aus und sagte: Siehe, meine Mutter und meine Brüder. Denn wer den Willen meines himmlischen Vaters tut, der ist für mich Bruder und Schwester und Mutter.« (Mt 12:49-50, EÜ) Die Verehrung des Jesuskindes und das eucharistische Mahl von Brot und Wein als dem Fleisch und Blut Christi könnten der Anklage des rituellen Kindsmordes etwas Glaubwürdigkeit verliehen haben. Vielleicht.

Vielleicht aber wurde dem Verdacht der Nachbarn auch ausgerechnet von verschiedenen christlichen Splittergruppen Vorschub geleistet, die sich in diesen frühen Jahren, bevor die Kirche einen orthodoxen Glauben etabliert und durchgesetzt hatte, gegenseitig mit heftigen Polemiken und verleumderischen Anschuldigungen verfolgten. Noch 375, fünfzig Jahre nach dem Konzil von Nicäa, auf dem diese Orthodoxie ihre Form gewann, konnte Epiphanius, der Bischof von Salamis auf Zypern, haarsträubende Berichte über die religiösen und philosophischen Sekten, die er besonders hasste, in Umlauf bringen – darunter nicht nur Juden, Stoiker, Platoniker, Pythagoreer und Epikureer, sondern eben auch andere Christen, deren Ansichten im Detail von den seinen abwichen. So schreibt Epiphanius, dass eine Gruppe von Christen namens Karpokratianer »eine jegliche Ausschweifung und jede denkbare Sünde begehen«[100]; die sogenannten Sekundianer »leiten zur Ausschweifung an«[101]; Simon Magus »hat eine Landstreicherin aus Tyros namens Helena in die Finger bekommen«[102] und ist nun dreist genug, seine Gespielin als den Heiligen Geist auszugeben; Basilides gab »seinen Anhängern umfassenden Unterricht im wechselnden Geschlechtsverkehr von Männern und Frauen, und das zu einem übelen Zweck«[103]; Nicolaus lehrt, dass »niemand ohne täglichen Beischlaf in das ewige Leben eingeht«[104]. Diese Anklagen finden ihren Höhepunkt in der Beschreibung der Sekte der Stratiotiker. Die volltrunkenen Gläubigen treiben es miteinander und empfangen den männlichen Samen in ihre Hände: »Und so stehen sie dann

---

100 Epiphanius von Salamis: *The Panarion*. Book I (Sects 1-46). Übers. von Frank Williams (= Nag Hammadi Studies XXXV). Leiden u.a. (Brill) 1987, S. 55 (Übers. T.R.).
101 Ebd., S. 56 (Übers. T.R.).
102 Ebd., S. 58 (Übers. T.R.).
103 Ebd., S. 72 (Übers. T.R.).
104 Ebd., S. 77 (Übers. T.R.).

und richten die Augen zum Himmel [...] und bieten das Zeug in ihren Händen dem Allvater dar und sagen: Wir entbieten dir dieses Geschenk, den Leib Christi«[105]. Epiphanius lässt keinen Zweifel daran, dass es sich bei diesem Ritual um die obszöne Verdrehung des höchsten Mysteriums der Christenheit handelt, er schreibt: »Und dann essen sie es und haben teil an ihrem Dreck, und dann sagen sie: Das ist der Leib Christi, und das ist das Pessachfest, um das unsere Körper leiden und die Passion Christi bezeugen«[106].

Diese Anschuldigungen werden nicht von einer Randfigur erhoben. Epiphanius war für lange Zeit der Metropolit der Kirche von Zypern, er wurde als Heiliger kanonisiert und wird noch heute sowohl in der römisch-katholischen Kirche als auch in den orthodoxen Kirchen verehrt. Es hätte durchaus seine Berechtigung gehabt, wenn Leser, ob Mitglieder der christlichen Gemeinde oder nicht, in diesen Schilderungen etwas mehr als bloß überspannte Phantasien gesehen hätten. Es ist gut möglich, dass solche Gerüchte in der ein oder anderen Form dazu beigetragen haben, die Wellen der Verfolgung rollen zu lassen. Die römischen Behörden könnten zu dem Schluss gekommen sein, dass sie es mit einem Wiederaufleben der orgiastischen Bacchanalien zu tun haben, die sie schon einmal unterdrückt hatten.

Wie rufschädigend sie auch immer gewesen sein mögen: Interkonfessionelle Verleumdungen können kaum als Erklärung dafür herhalten, wie es zu einer solch groß angelegten, zeitweise das gesamte Imperium umfassenden Verfolgung eines Kultes kommen konnte, zumal eine solche Verfolgung deutlich von der ansonsten so entspannten römischen Duldungspolitik gegenüber verschiedenen

---

105 Ebd., S. 86 (Übers. T.R.).
106 Ebd., S. 86 (Übers. T.R.).

Kulten abwich. Alles, was man einige Jahrhunderte zuvor gegen die Anhänger des Bacchus aufgeboten hatte, wurde in räumlicher und zeitlicher Ausdehnung bei Weitem übertroffen. Eine ganze Reihe von Kaisern genehmigte Gewalt und Enteignungen, zunächst vereinzelt, aber dann immer systematischer und organisierter. Selbst wenn die Verfolgungen, wie Historiker heute glauben, weniger Opfer gefordert haben, als man einst meinte, so markieren sie dennoch das alarmierende Ende einer gemeinsamen kulturellen Norm, die für so lange Zeit so gut funktioniert hatte.

Der Umstand, dass die alten Anschuldigungen gegen die Bacchanalien nun ohne jede Plausibilität gegen die Christen wiederverwertet wurden, könnte darauf hindeuten, wie schwer es den Römern gefallen ist, ein zusammenhängendes Konzept religiöser Verfolgung zu formulieren, das allein auf den Glauben abhob. Die Kaiser hatten keine Bühne und keine Handhabe, um die Christen als theologische Abweichler anzugreifen, und sie hatten nicht zuletzt kein Interesse daran, da es keinen orthodoxen Glauben gab. Was die Behörden gegen den Kult vorbringen konnten, bezog sich auf abweichendes Verhalten: Orgien, Inzest, Kindsmord und Kannibalismus. Dass die Anschuldigungen dabei auf die Gruppe der Christen höchstwahrscheinlich nicht zutrafen, war nicht wichtig; wichtig war vielmehr, dass diese Anschuldigungen bereits in der Vergangenheit erfolgreich vorgebracht worden waren, als es darum ging, störende religiöse Praktiken zu unterdrücken.

Vielleicht aber sind diese Anklagen nie offiziell gegen die Christen erhoben worden und haben keine Rolle als Motivation der Verfolgungen gespielt. Wenn die tatsächlichen Praktiken der Christen keine Bedrohung für die öffentliche Moral und Ordnung hervorriefen, warum sollte man sie dann überhaupt verfolgen? Warum stellten die Behörden die Christen nicht nur mit den verrückten Teilnehmern orgiastischer Riten auf eine Stufe, sondern sahen eine sogar noch größere Gefahr in ihnen? Die Antwort scheint in der schnellen Ausbreitung des Christentums zu liegen. Die Anhänger des Bacchus, selbst in ihrem ungestümsten Enthusiasmus, hatten keine systematischen Anstrengungen unternommen, um jedermann zur Verehrung ihres Gottes und ihres Gottes alleine zu bekehren, noch hatten sie die anderen Götter verachtet. Die Christen hingegen weigerten sich strikt zu akzeptieren, dass ihr Kult nur einer unter vielen Kulten sei, von denen jeder einzelne eine Existenzberechtigung habe. Sie hielten an der jüdischen Überzeugung fest, dass ihr Gott, Jahwe, der höchste sei – »Du sollst keine anderen Götter neben mir haben.« Ganz im Geiste der jüdischen Propheten interpretierten sie diese Überlegenheit auf denkbar radikale Art dahingehend, dass Jahwe nicht der oberste Gott war, sondern vielmehr der einzige Gott. All jene anderen Götter waren nichts als Wahnvorstellungen – nichts als geschnitztes Holz oder behauener Stein, schwachsinnigerweise für göttlich gehalten. Oder aber man hielt die anderen Götter für Dämonen, böse Geister, die nichts Gutes im Schilde führen.

Wenn die Polytheisten, die den Christen gegenüber feindlich gesinnt waren, ihre Gruselgeschichten von Inzest und Kindsmord verbreiteten, so hatten die Christen durchaus ihre eigenen Geschichten auf Vorrat. Denn sie konnten ihrerseits überall die grellsten Beispiele der Teufelsverehrung erblicken. Der Teufel wurde verehrt, wann immer er oder einer seiner Handlanger vom Blut der Opfertiere kostete oder wenn sie den süßen Duft des Weihrauchs einsogen. Der Teufel blickte durch die leeren Augen einer Jupiter- oder Venusstatue. In oder hinter all den unzählbaren Götterdarstellungen hatte sich der Feind versteckt. Selbst mit der beiläufigsten und vermeintlich unbedeutendsten Handlung wurde ihm Verehrung zuteil. Wenn also Caecilius der Statue des Serapis eine Kusshand zuwarf, dann ging es um mehr als nur um gemeinen Irrtum. Seine Frömmigkeitsgeste bedeutete auch eine kleine, aber einschneidende Hommage an das reine Böse.

Zu dieser arroganten Behauptung gesellte sich bei den Christen noch der nie dagewesene Eifer, mit dem sie versuchten, Menschen in ihre Glaubensgemeinschaft hineinzuziehen. Sie waren glühende Proselytenmacher. Ihre Motivation dabei war wohlmeinend – wie sie es auch im Falle des Octavius gewesen war, der Minucius Felix seine Sorge für den gemeinsamen Freund nahegelegt hatte –, und ihr Vorgehen konnte durchaus Erfolge verzeichnen, zunächst unter den armen und ungebildeten Massen im Imperium, nach und nach aber auch in den gebildeten Eliten. Wie vorherzusehen, stieß dieser Erfolg nicht nur auf Zustimmung. Gerade bei denen, die unmittelbar betroffen waren, also etwa Handwerkern, die Souvenirs an Schreinen und Tempeln verkauften, regte sich Unmut über die Verkleinerung der Kundschaft und Zorn auf die Verantwortlichen. Aber Zorn regte sich auch bei denen, die schlicht und ergreifend die hergebrachte Ordnung der Dinge liebten und sich nicht ständig erzählen lassen wollten, dass sie errettet und erlöst werden müssten. Die wachsende Zahl der Christen führte zu Unruhe in der Bevölkerung.

Gerüchte gingen um, dass diese Leute, die für die Götter aller anderen nichts als Verachtung übrighatten, eine Gefahr für das Imperium seien – schließlich verachteten sie jene Götter, deren vertraute und schutzbringende Statuen und Altäre an jeder Straßenecke in jeder Ortschaft und Stadt des Imperiums standen. Nach dem großen Brand von Rom im Jahr 64 machte Nero, nach Tacitus, die Christen dafür verantwortlich, das Feuer gelegt und angefacht zu haben. Wenn diese Berichte des Historikers stimmen, dann hatte es nach dem Tod Jesu nur eine Generation gedauert, bis ein solches Bewusstsein für diesen neuen Kult und eine solche Angst vor ihm entstanden waren, dass der Kaiser sie umstandslos zu Schuldigen erklären konnte. Briefe des jüngeren Plinius an Kaiser Trajan zeigen, dass spätestens im Jahr 112 Christen in einigen Teilen des Imperiums schwerer Verbrechen verdächtigt wurden und scharf verfolgt werden konnten, nur weil sie Christen waren. Die Tatsache, dass Plinius selbst nach einer gründlichen Untersuchung all der reißerischen Vorwürfe gegen die Christen nur Beweise für »wüsten, maßlosen Aberglauben«[107] ausmachen konnte, legt den Schluss nahe, dass der christliche Glaube selbst, nicht eine bestimmte Tat, eine gewisse moralische Panik auslöste; zumindest bei einigen polytheistischen Gemeinschaften.

Die Juden konnten toleriert werden, die Christen nicht. Seltsamerweise hat der Umstand, von der Verfolgung verschont zu bleiben, schlussendlich nicht zu einer Blüte des Judentums geführt; ganz im Gegenteil waren es die verfolgten Christen, die triumphierten. Sie triumphierten, auch ohne auf den Glanz des Altehrwürdigen Anspruch zu erheben. Sie betonten ihre jüdischen Wurzeln nicht und versuchten auch nichts von dem Prestige uralter Ursprünge für sich zu retten: Vielmehr bestanden sie auf einem scharfen Bruch und stellten sich selbst als etwas Neues dar. Darüber hinaus gaben sie sich nicht mit einem sorgfältig eingegrenzten, ethnischen oder konfessionellen Bezirk zufrieden. Die Christen sahen sich gerade nicht als ein auserwähltes Volk, ihre Vision war vielmehr »katholisch«, und entsprechend machten sie es sich zur Aufgabe, jedermann dazu zu bringen, den alten Göttern abzuschwören.

Sobald sie an die Macht gekommen waren, lösten die Christen ihre Vision einer allumfassenden Wahrheit ein.

---

[107] Plinius Secundus d. J.: *Briefe*. Lat./Dt. Hg. und übers. von Helmut Kasten. München/Zürich (Artemis) 1984, S. 643 = 10.96.

Indem sie das taten, bestätigten sie die Ängste all jener, die zuvor Decius, Diokletian, Galerius und andere dazu angehalten hatten, den Funken des Christentums zu zertreten, bevor es zu spät sein würde. Eine ganze Reihe christlicher Kaiser, beginnend 391 mit Theodosius dem Großen, erließ Verordnungen, mit denen öffentliche Opfer verboten und bedeutende Kultstätten geschlossen wurden. Die Kaiser hatten mit der Zerstörung des Heidentums begonnen. Nach der Zerstörung des Serapeums in Alexandria konnte der heidnische Dichter Palladas entsprechend fragen:

> Sind wir nicht tot und bilden uns nur ein zu leben,
> wir Griechen, die wir tief ins Unglück sanken, und
> im Traume bloß das Leben sahen? Oder leben
> wir selber zwar – indes das Leben unterging?[108]

Palladas verstand, dass die Zerstörung über den Verlust eines einzelnen Kultbildes hinausging. Eine ganze Lebensart lag im Sterben.

---

108 Dietrich Ebener (Hg. u. Übers.): *Die Griechische Anthologie*. 3 Bde. Berlin/Weimar (Aufbau) 1981, Bd. 2, S. 498 = 10:82.

V.

Zu den überraschendsten Folgen, die der Aufstieg des Christentums im polytheistischen Rom zeitigte, zählt die offizielle Formulierung einer Politik der religiösen Toleranz. Aber gewiss war es nicht die Toleranz gegenüber den Christen, sondern ihre Verfolgung, die die Aufmerksamkeit der Historiker angezogen und die populäre Vorstellungskraft befeuert hat – und das mit gutem Grund. Nicht nur bedeuteten die Verfolgungen einen bemerkenswerten Wandel in der traditionellen Haltung Roms, sondern die Christen fanden auch einen Weg, um ihre grausigen Leiden als beständige Demonstration der Macht ihres Glaubens einzusetzen.

Wenn die Berichte des Livius stimmen, wählten zahlreiche Anhänger des Bacchus im Zuge ihrer Verfolgung den Freitod, als sie von den Behörden angeklagt wurden, und eine noch größere Zahl wurde hingerichtet. Was sie erlitten, war in der Tat ein Martyrium für ihren Glauben, aber ihr Tod scheint das grundsätzliche Engagement für den Kult nicht gestärkt zu haben. Den Erlassen des Senates folgend, begannen die Konsuln, »alle Stätten der Bacchusmysterien zunächst in Rom, dann in ganz Italien zu zerstören, außer wenn dort ein alter Altar oder ein heiliges Götterbild war.«[109] Die Ausnahme ist bezeichnend: Die Achtung vor dem Alter war es auch, die die Römer die verachteten Juden ertragen ließ.

Der Senat war stets darauf bedacht, nicht den Gott selbst zu schmähen oder sich an seinen altehrwürdigen Altären zu vergehen. Um sicherzugehen, so Livius, beschloss der Senat, »daß in Rom und in Italien keine Bacchanalien

---

109 Livius: *Römische Geschichte. Buch XXXIX-XLI.* Lat./Dt. Hg. von Hans Jürgen Hillen. München (Artemis) 1993, S. 43.

stattfinden sollten«[110]. Aber die Gesetze enthielten formal kein Verbot, Bacchus zu verehren; vielmehr wurde anerkannt, dass manche Menschen das starke Bedürfnis verspüren konnten, den Gott zu verehren, oder vielleicht durch ein Gelübde daran gebunden waren.

Wenn einer glaubte, eine solche Kulthandlung sei durch die Sitte geheiligt und sei notwendig und er könne sie nicht ohne religiöse Bedenken und ohne Sünde unterlassen, solle er es bei dem Stadtprätor angeben, und der Prätor solle den Senat befragen; wenn es ihm gestattet worden sei, wobei im Senat mindestens hundert anwesend sein müßten, solle er diese Kulthandlung vollziehen dürfen, aber nur, wenn nicht mehr als fünf an der Opferhandlung teilnähmen und wenn es keine gemeinsame Kasse und keine Vorsteher oder Priester bei den Kulthandlungen gebe.[111]

So wurde der alte Kult erhalten, zumindest der Form nach, und grundsätzlich war es erlaubt, den Gott zu verehren. Zwar war es den übermütigen Feiernden verboten, im Mondschein auf den Hängen des Aventin zu tanzen, aber Abbildungen von ekstatischen Bacchanten wurden weiterhin in Sarkophage oder Sockel eingegraben. Ziel dieser Gesetzgebung war einfach nur, die ausgelassenen Feste als Massenveranstaltungen zu unterbinden, die den öffentlichen Frieden gestört und den Zorn des Staates heraufbeschworen hatten.

Im Fall der Christen aber ging die Strategie, die gegenüber den Anhängern des Bacchus so erfolgreich gewesen war, nach hinten los. Der Druck der Verfolgungen konnte

---

110 Ebd., S. 43.
111 Ebd., S. 43.

dem Christentum keinen Einhalt gebieten. Sicherlich gab es einige Anhänger Christi, die sich ängstigten und verdrießlich verstummten; andere verbargen ihre Zeremonien und feierten sie im Verborgenen. Dennoch, selbst ohne den schützenden Schild hohen Alters, verschwand der Kult nicht. Ganz im Gegenteil scheint das Leiden der Gläubigen die Gemeinde im Kern gestärkt zu haben.

Im Jahr 311 gab das Edikt von Serdica (Sofia), das Kaiser Galerius erlassen hatte, den Umriss einer Politik, die derjenigen glich, die den Bacchanalien ein Ende gesetzt hatte: »Als schließlich von uns eine Verordnung erlassen worden war des Inhalts, daß sie (sc. die Christen) sich zu den Bräuchen der Alten begeben sollten, wurden viele Prozessen unterworfen, viele auch aus ihrem Besitz vertrieben.«[112] Der strenge, im Krieg hart gewordene Galerius war ein frommer Verehrer der alten Götter Roms und hatte die Christen unnachgiebig verfolgt. Dennoch gestand der Kaiser im weiteren Text des Ediktes zu, dass er durch die Verfolgung der Christen sein Ziel nicht erreicht hatte, da »die meisten auf ihrem Vorhaben beharrten und wir sehen mußten, daß die nämlichen Leute weder den Göttern die gebührende Verehrung und Frömmigkeit entgegenbrachten noch den Christengott beachteten«[113]. Das kaiserliche Edikt versuchte, das Scheitern schönzureden, und gestand so den Christen zum ersten Mal zu, im Einklang mit dem Gesetz ihrem Glauben anzuhängen: »Wir glaubten in Anbetracht unserer allergnädigsten Huld und die immerwährende Gewohnheit vor Augen, der zufolge wir allen Menschen Verzeihung zu gewähren pflegen, unsere bereitwilligste Nachsicht auch auf sie ausdehnen zu sollen, damit sie von neuem Chris-

---

112 Laktanz: *De Mortibus Persecutorum. Die Todesarten der Verfolger*. Lat./Dt. Übers. und eingeleitet von Alfons Städele (= Fontes Christiani, Bd. 43). Turnhout (Brepols) 2003, S. 183 (leicht modifiziert).
113 Ebd., S. 183.

ten sein und ihre Versammlungsstätten einrichten können, jedoch nur unter der Bedingung, daß sie in keiner Weise gegen die öffentliche Ordnung verstoßen.«[114]

Zwei Jahre später wurde diese Nachsicht mit der sogenannten Mailänder Vereinbarung erneut bestätigt. Diese Bestätigung, eine Übereinkunft des weströmischen Kaisers Konstantin mit seinem oströmischen Amtskollegen, wird oft als der Moment dargestellt, von dem an das Christentum legalisiert und zur offiziellen Religion des römischen Imperiums wurde. Lange war unklar gewesen, welcher Status der christlichen Praxis zukommen sollte, und das nicht nur, weil immer wieder Anklagen wegen Volksverhetzung laut wurden, sondern auch, weil sie seltsam schwer zu fassen war. Wie Tertullian etwa ein Jahrhundert zuvor, also zur Zeit des *Octavius* des Minucius Felix, in einer Apologie des Christentums zu erklären versucht hatte, basierte die Sekte auf ausgesprochen alten, jüdischen Schriften: In diesem Sinne befand sie sich unter dem Schirm einer ehrwürdigen und völlig legalen Religion (*sub umbraculo insignissimae religionis, certe licitae*)[115]. Allerdings hielten sich die Christen, wie der Apologet selbst zugibt, nicht an die jüdischen Praktiken bezüglich »der Ablehnung bestimmter Speisen, noch dem Feiern der Festtage, noch gar dem körperlichen Merkmal nach, noch durch einen gemeinsamen Namen«[116]. Was genau also waren und taten diese Christen? Die Mailänder Vereinbarung gab keine Definition des christlichen Glaubens vor, noch wurde festgesetzt, dass das Christentum nun, wie Tertullian es über das Judentum gesagt hatte, eine *religio licita* sein würde. Noch hatten

---

114 Ebd., S. 183.
115 Tertullian: *Apologeticum. Verteidigung des Christentums*. Lat./Dt. Hg., übers. und erläutert von Carl Becker. München (Kösel) 1952, S. 128.
116 Ebd., S. 129.

die römischen Kaiser nichts mit der Regulierung theologischer Lehren am Hut, und der Terminus *licita* hätte im Kontext der traditionellen Offenheit gegenüber jeglichem Kult jeglichen Sinnes entbehrt. Die Regelung des Jahres 313 räumte dem Christentum einfach nur einen Platz unter all den anderen Religionen ein.

Die Integration des Christentums hatte weitreichende Folgen, denn nun hatten die Kaiser öffentlich die Anklagen zurückgezogen, nach denen die Christen aufrührerisch oder obszön waren. Die Mailänder Vereinbarung ging noch viel weiter. Zum ersten Mal wurde die traditionelle römische Akzeptanz aller Religionen in einen Rechtsgrundsatz übersetzt, der weit über den Einzelfall des Christentums hinaus Gültigkeit beanspruchen konnte. »Da du nun genau siehst, daß dies den nämlichen Leuten von uns gnädig gewährt wurde, erkennt deine Ergebenheit, daß auch anderen Personen die Möglichkeit, ihre Religion oder ihren Kult auszuüben, ähnlich offen und frei in Anbetracht des Friedens unserer Zeit zugestanden ist, so daß ein jeder bei der Verehrung des Gegenstandes seiner Wahl die freie Möglichkeit hat. Das wurde von uns verfügt, damit nicht der Eindruck entsteht, irgendeinem Ehrenamt und irgendeiner Religion sei in irgendeiner Hinsicht von uns Abbruch getan worden.«[117] Offen und frei: Auf diese Weise bestätigt die Mailänder Vereinbarung die Entscheidung des Kaisers, die Verfolgung der Christen zu beenden, auf dass sie ihre Verstecke verlassen und ihre Angst vor Enteignung oder Martyrium ablegen können. Aber in einem weiteren historischen Horizont ist es vielmehr die breit angelegte Verkündung der Religionsfreiheit, ist es der

---

117 Laktanz: *De Mortibus Persecutorum. Die Todesarten der Verfolger*. Lat./Dt. Übers. und eingeleitet von Alfons Städele (= Fontes Christiani, Bd. 43). Turnhout (Brepols) 2003, S. 215.

ausdrückliche Respekt vor der Würde aller Religionen, die hier am meisten überrascht und größte Bedeutung besitzt.

Diese Erklärung ist deshalb überraschend, weil es so etwas zuvor in der Geschichte Roms nicht gegeben hatte, das heißt, weil sie nur ausdrücklich macht, was immer schon die Grundannahme gewesen war; mit anderen Worten, weil eine solche Erklärung noch nie nötig geworden war. Selbst im Zuge der Affäre um die Bacchanalien mit ihren Hinrichtungen und Selbstmorden war etwas Ähnliches nicht nötig geworden, denn der Senat hatte die Verehrung des Bacchus nie verboten; ebenso erlaubten Senat und Kaiser jetzt nicht genau das kriminelle Verhalten, auf das es das eigentliche Verbot abgesehen hatte. Hätte das Ziel nur darin bestanden, die Christenverfolgungen zu beenden, dann hätte der Erlass nur verkünden müssen, dass die Anschuldigungen über Orgien und Kindsmord falsch gewesen waren. Stattdessen aber war es zur Formulierung eines allumfassenden Prinzips gekommen.

Die Mailänder Vereinbarung ist zugleich ergreifend und bestürzend. Ergreifend, weil sie, in den Worten eines Historikers, »die erste gesetzliche Verfügung der Religionsfreiheit in der Weltgeschichte«[118] ist. Sie verleiht einem der grundlegendsten aller Menschenrechte Ausdruck, einem auch heute noch sehr schwer zu gewährleistenden Menschenrecht. Die mitreißenden Worte – »daß ein jeder bei der Verehrung des Gegenstandes seiner Wahl die freie Möglichkeit hat« – sollten als Inschrift an Schulen und Gerichten und öffentlichen Gebäuden überall auf der Welt prangen und sollten als Schild gegen all die ungeheuerliche, sektiererische Gewalt fungieren, zu der so viele Gesellschaften neigen. Auf der anderen Seite aber sind diese

---

118 Noel Lenski: *The Significance of the Edict of Milan*. In: *Constantine. Religious Faith and Imperial Policy*, hg. von A. Edward Siecienski. London/New York (Routledge) 2017, S. 50 (Übers. T.R.).

Worte auch bestürzend, gerade weil die römische Zivilisation über eine derart lange Zeit hinweg solche Verfolgungen, die nun überwunden werden sollten, weder erdacht noch ausgeübt hatte.

Kommen wir noch einmal auf die Worte zurück, die Octavius an Minucius Felix richtete, als die beiden Christen sahen, wie ihr Freund Caecilius einer Statue des Serapis eine Kusshand zuwarf: Es sei nicht richtig, einen Freund »wie das ungebildete Volk in Blindheit« im Stich zu lassen und zuzusehen, wie »er sich an einem so strahlenden Tage mit Steinen abgibt, mögen sie auch von Künstlerhand geformt und gesalbt und mit Kränzen geschmückt sein.«[119] Hier, in diesem Ausdruck brüderlicher Sorge, in diesem Impuls, zu beschützen, zu belehren und aufzuklären, liegt der Anfang jener verqueren Kettenreaktion aus Bekehrung und Verfolgung verborgen, die schließlich zu einem öffentlichen Toleranzedikt führte. Sollten die bizarren Gerüchte über die Christen (der an den Kerzenständer gekettete Hund, der ritualisierte Kindsmord, die wilden Orgien) nicht bloße Erfindungen der Christen selbst sein, so waren sie nichts als Trugbilder. Sie waren Symptome der Schwierigkeiten, die es Polytheisten bereitete, eine tief beunruhigende Erfindung in den Griff zu bekommen und zu beschreiben. Diese Erfindung, deren reinsten, süßesten und verführerischsten Ausdruck der *Octavius* bietet, war religiöse Intoleranz.

Die Juden hatten, wie gesagt, dieser Erfindung bereits vorgegriffen, indem sie die überragende Bedeutung ihres Gottes behauptet hatten. Aber das zweite Gebot – »Du sollst keine anderen Götter neben mir haben« – ließ die Möglichkeit diverser minderer Götter zu. Noch wichtiger

---

[119] Minucius Felix: *Octavius*. Lat./Dt. Hg., übers. und eingeleitet von Bernhard Kytzler. München (Kösel) 1965, S. 47 = 3:1.

ist, dass die Juden zudem kein dringendes Bedürfnis entwickelten, auf Abwege geratene Polytheisten zu »retten« und sie dazu zu bringen, ihre hergebrachten Riten aufzugeben und zum Judentum überzutreten. In dieser Beziehung ähnelten die Juden den Epikureern, wie Lukrez sie beschreibt: Aus einer sicheren Position beobachteten sie die Mühsal andrer, ohne zum Eingreifen berufen oder befähigt zu sein. Die Nächstenliebe hingegen, die die Christen antrieb, speiste sich aus der Überzeugung, dass ein Freund Gefahr lief, Schiffbruch zu leiden, und dass sie, die Christen, vermochten, das Unglück abzuwenden. Eine Metapher – dieser arme Polytheist wird gleich gegen die Felsen geschleudert – nahm für sie die Kraft einer Realität an.

Wir müssen uns vorstellen, dass sich diese Realität gewordene Metapher in der ganzen römischen Welt wieder und wieder wiederholte, mit beständig wachsender Überzeugung und beständig wachsendem Erfolg. Der jüdische Glaube an Jahwe und Jahwe allein hielt sich nicht mehr in seinen Stammesgrenzen. Er brach aus und verbreitete sich mit allen, die im Glauben an Jesus Christus die einzige Möglichkeit sahen, dem allseits drohenden Schiffbruch zu entkommen – woher sie auch stammen mochten.

Zuerst hatte das Imperium seine Macht in Anschlag gebracht und dem vermeintlichen Erlöser seinen Platz zugewiesen, und zwar am Kreuz, dem schändlichsten Ende. Aber dieses Ende erwies sich als ein Anfang. Aus ein paar Hundert Christen wurden erst Tausende und dann Zehntausende. Kein Wunder, dass sich Sorge und Unruhe erhoben – und das nicht nur in den Kreisen derer, die Votivbilder und dergleichen für die traditionellen Riten herstellten. Es stand viel mehr auf dem Spiel als die Existenz einer bestimmten Gruppe von Handwerkern, die schließlich auch umlernen und ein neues Repertoire von Bildern und Zeichen und Votivtafeln herstellen konnten. Was in der barmherzigen Umarmung jener Religion der Liebe langsam, aber sicher erstickt wurde, war die Freiheit, selbst zu wählen und zu entscheiden, welchem Gott auch immer man eine Kusshand zuwerfen wollte.

Daher rühren die Ablehnung und auch die unkoordinierten Ausbrüche der Gewalt, die sich in dem riesigen Imperium gegen die Christen richteten. Umso erstaunlicher ist es da, dass eine christianisierte Version des jüdischen Glaubens an Jahwe und Jahwe allein (»Ich glaube an den einen Gott, den Vater, den Allmächtigen, den Schöpfer alles Sichtbaren und Unsichtbaren«) unter der Ägide des Kaisers Konstantin beim Konzil von Nicäa ausformuliert werden und schlussendlich zur offiziellen Religion des römischen Imperiums aufsteigen konnte. Das sogenannte Bekenntnis von Nicäa verdammt ausdrücklich »diejenigen, die da sagen »es gab eine Zeit, da er nicht war«, und »er war nicht, bevor er gezeugt wurde«, und »er sei aus dem Nichtseienden geworden«.

VI.

Zum Monotheismus und Universalismus fügte das Christentum noch ein weiteres Charakteristikum hinzu, das sowohl heidnischen als auch jüdischen Traditionen bisher fremd gewesen war, namentlich die Hingabe an eine einzige, absolute, lückenlose Lehre. In ihrem Wettkampf um hermeneutische Dominanz lieferten sich die Rabbis heftige Gefechte, aber ein Text wie das Midrash Rabba, zum Teil in die Zeit des Augustinus datierbar, zeugt von einer Offenheit – also einem Mangel an Entschlossenheit oder überhaupt ihrer Möglichkeit –, die für die besonders ehrgeizigen christlichen Theologen untragbar gewesen wäre. Der Geist des Talmud ist natürlich ein anderer als der heidnischer theologischer Spekulation, wie er sich etwa in Ciceros *De natura deorum* ausdrückt, aber doch verbindet sie das, was Bruno Latour »Kompositionismus« nennt. Latour schreibt, der Kompositionismus übernehme »vom Universalismus die Aufgabe, eine gemeinsame Welt aufzubauen und vom Relativismus die Gewissheit, dass diese gemeinsame Welt sich aus völlig heterogenen Bestandteilen aufbauen muss, die niemals ein Ganzes ergeben werden, sondern höchstens eine zerbrechliche, widerrufbare und vielfältige Komposition.«[120]

Eine Reihe früher Kirchenväter trieb eilig die Entwicklung weg vom Kompositionismus und hin zum Traumgebilde des doktrinären Absolutismus: die freilich nie abgeschlossene Suche nach Gewissheiten, die nicht »zerbrechlich, widerrufbar und vielfältig« sind, sondern vielmehr unerschütterlich, unveränderlich und einheitlich. Die Christen weigerten sich zuzugestehen, dass es in der

---

120 Bruno Latour: *An Attempt at a »Compositionist Manifesto«*. In: *New Literary History* 41 (2010), S. 474 (Übers. T.R.).

Vergangenheit oder in der Gegenwart eine legitime Form der Ungewissheit in Bezug auf die Natur der Götter geben könne. Sie waren im Besitz der Wahrheit, und diese Wahrheit wäre bereits seit Langem greifbar, hätte nicht das Böse es gehindert. »Es gibt Leute, die geben die Wahrheit aus der Hand und bringen falsche Lehren auf«,[121] schrieb Irenaeus von Lyon im ersten Jahrhundert. Die Offenbarung in all ihrer Reinheit war zugänglich, aber diese Leute verfälschten in perverser Manier die Orakel Gottes. Auf diese Art und Weise lockten sie ihre unschuldigen und unbehüteten Zuhörer listig in Frevel und Irrtum.

Die Zielscheibe des Irenaeus war in erster Linie ein rivalisierender christlicher Theologe, namentlich der Gnostiker Valentinus. Aber seine Angriffe, in denen er auch sexuelle Ausschweifungen seiner Kontrahenten nahelegte, bezogen sich darüber hinaus auch auf Christen, deren Glaubenssätze und Praktiken von dem abwichen, was die Kirche in Rom autorisiert hatte. Er besteht darauf, dass es nur eine Wahrheit gibt, in der Gemeinschaft der Christen wie in der ganzen Welt. »Die Predigt der Kirche ist überall unveränderlich und gleichbleibend«[122], so Irenaeus. Er postuliert eine vollendete Einigkeit, die durch seine Schrift gegen verschiedene Häretiker in Zweifel gezogen wird. Diejenigen, die nicht sicher auf den starken Felsen der einen Wahrheit bauen, »wälzen sich verdientermaßen in jeder Art von Irrtum.«[123] Sie »erfinden darum auch viele Götter. Als Ausrede sagen sie, daß sie immer

---

121 Irenaeus von Lyon: *Epideixis. Adversus Haereses. Darlegung der apostolischen Verkündigung. Gegen die Häresien I.* Gr.-Lat./Dt. Übers. und eingeleitet von Norbert Brox (= Fontes Christiani 8/1). Freiburg u. a. (Herder) 1993, S. 123.
122 Irenaeus von Lyon: *Adversus Haereses. Gegen die Häresien III.* Lat./Dt. Übers. und eingeleitet von Norbert Brox (= Fontes Christiani 8/3). Freiburg u. a. (Herder) 1995, S. 297.
123 Ebd., S. 299.

suchen – sie sehen nämlich schlecht –, aber finden können sie nie.«[124] Diese Worte gehen über Scharmützel zwischen christlichen Sekten hinaus. Genau solche Worte ließen die Sorge bei den Polytheisten wachsen, die an die Existenz zahlreicher Götter glaubten und die sich auf einer Suche nach der Wahrheit befanden, deren Unabschließbarkeit sie deutlich spürten.

Für Irenaeus aber war diese Suche definitiv vorbei. Sich unsicher zu sein, mehreren Göttern zu opfern oder an ein Universum in den Händen des Zufalls zu glauben – all das sind gleichermaßen Symptome des Wahnsinns. Ebenso ist es Wahnsinn, sich einen Gott vorzustellen, der sich nicht um die kleinsten Kleinigkeiten des menschlichen Lebens kümmert. In diese Richtung nämlich geht der Traum eines Gottes, »den es nicht gibt«, eines Gottes, der das Irdische nicht lenkt: »Der Gott Epikurs ist es, den sie da gefunden haben; er tut weder für sie selbst noch für andere etwas, ein Gott ohne jede Fürsorge.«[125] Die Vorstellung eines indifferenten oder abwesenden Gottes, so fügt Irenaeus finster raunend hinzu, ist ein Werk des Teufels, und dessen Anhänger »denken sich auch einen anderen Vater aus, der sich um unsere Angelegenheiten nicht kümmert noch dafür Vorsorge trifft«[126]. Für solche Ketzer hält Gott ein ewiges Feuer bereit.

Dass in einem Werk, das hauptsächlich der Bekämpfung gnostischer Sekten dient, auch der Epikureismus ins Fadenkreuz gerät, ist bedeutsam. Es zeigt, dass die verschiedenen Formen der Häresie in Irenaeus' *Adversus haereses* nicht auf Varianten des christlichen Glaubens beschränkt

---

124 Ebd., S. 299.
125 Ebd., S. 301.
126 Irenaeus von Lyon: *Adversus Haereses. Gegen die Häresien V.* Lat./Dt. Übers. und eingeleitet von Norbert Brox (= Fontes Christiani 8/5). Freiburg u.a. (Herder) 2001, S. 205.

sind. Es geht um mehr als nur um ein internes Gerangel in der Gemeinde des Christen; es geht um die Behauptung einer einzigen Wahrheit für alle. Zwar hat Irenaeus einige ironische Worte für Homer übrig, wenn dieser Jupiter darstellt, wie er »vor lauter Kummer nicht schlafen konnte und sich Sorgen machte, wie er den Achilles ehren und viele Griechen vernichten könne«[127]. Aber er geht über diese Ironie nicht hinaus. Er startet keinen Angriff auf die Verehrung Jupiters und der anderen olympischen Götter. Für eine solche Offensive war die Zeit noch nicht reif. Auf den Epikureismus loszugehen, war eine sicherere Sache, da er für die heidnischen Kulte ebenso wie für das Christentum eine Bedrohung darstellte.

Was Irenaeus und andere frühchristliche Intellektuelle motivierte, war nicht nur eine gewisse Art des philosophischen Ehrgeizes, sondern auch die Sorge um das Schicksal der Seele. Genau jene Sorge also, die Minucius Felix und Octavius antrieb, ihren Freund von der Verehrung des Serapis abzubringen. Christliche Orthodoxie konnte einen falschen Glauben ebenso wenig dulden wie den Verkauf von (wie Thomas Morus Jahrhunderte später sagte) vergiftetem Brot[128]. Die Fürsorge für die Gesundheit und die Sicherheit der Schutzbefohlenen ist grundlegend, dorther stammt der Antrieb, sie vor Schmerz zu bewahren. Dorther stammt auch die Frage des Augustinus, die uns schon

---

127 Irenaeus von Lyon: *Epideixis. Adversus Haereses. Darlegung der apostolischen Verkündigung. Gegen die Häresien I*. Gr.-Lat./Dt. Übers. und eingeleitet von Norbert Brox (= Fontes Christiani 8/1). Freiburg u.a. (Herder) 1993, S. 215.
128 Vgl. Thomas Morus: *A Dialogue Concerning Heresies* (= The Complete Works of St. Thomas More, Bd. 6). Hg. von Thomas M.C. Lawler, Germain Marc'hadour und Richard C. Marius. New Haven/London (Yale University Press) 1981, S. 293.

begegnet ist: »Gibt es denn einen schlimmeren Seelentod als die Freiheit des Irrtums?«[129]

Diese Frage fiel im Kontext einer Debatte mit den Donatisten, und sie führt uns zu einem entscheidenden Charakteristikum christlicher Orthodoxie: Die besonders scharfe Aufmerksamkeit und auch Verfolgung galt nicht so sehr den rivalisierenden Glaubenssystemen als vielmehr den teils verschwindenden Abweichungen innerhalb des einen wahren Glaubens. Der Begriff Häresie geht auf das griechische *hairesis* zurück, was so viel wie »Wahl, Entscheidung« bedeutet. Genau diese Wahlfreiheit, nebst der dazugehörigen Idee, dass es verschiedene, wetteifernde Positionen überhaupt geben kann, wie etwa im Midrasch oder den verschiedenen Philosophenschulen Griechenlands, wurde vom theologischen Absolutismus entschieden abgelehnt. An die Stelle der Wahl trat die eine Wahrheit und mit ihr die Entschlossenheit, jeglichen falschen Glauben auszurotten.

Bereits im dritten Jahrhundert verspricht die apokryphe *Paulusapokalypse*, die gemeinhin als authentisch anerkannt wird, ewige Höllenqualen für diejenigen, die sich eine Irrlehre zuschulden kommen lassen. Dem Apostel wird eine Vision der Qualen nach dem Tod gewährt, und dieser Anblick versetzt ihn in Schrecken. Der Engel aber, der ihm bei seinem Weg durch die Unterwelt als Führer dient, weist ihn zurecht: »Warum weinst du? Bist du barmherziger als Gott?«[130] In den tiefsten Gruben der Hölle, weit unter den Wüstlingen und den Ehebrechern, den Wuche-

---

129 Augustinus: *Ausgewählte Briefe*. Übers. von Alfred Hoffmann. Bd. 1 (= Des heiligen Kirchenvaters Aurelius Augustinus ausgewählte Schriften, Bd. 9, = Bibliothek der Kirchenväter, 1. Reihe, Bd. 29). München (Kösel) 1917, S. 413 = Ep.105:2:10.

130 Wilhelm Schneemelcher (Hg.): *Neutestamentliche Apokryphen in deutscher Übersetzung. II. Bd.: Apostolisches, Apokalypsen und Verwandtes*. Tübingen (Mohr) 1989, S. 662.

rern und den Zauberern, den Sodomiten und den Frauen, die abgetrieben haben, dort findet sich schließlich, »wer nicht bekannt hat, daß Christus im Fleisch gekommen ist, und daß ihn die Jungfrau Maria geboren hat, und wer sagt, daß das Brot der Eucharistie und der Kelch des Segens nicht Leib und Blut Christi seien.«[131] Die Qualen und Foltern, die diesen Sündern im Glauben zuteilwerden, sind siebenmal schlimmer als alles, was den übrigen auferlegt wird. Es war nur eine Frage der Zeit, bis die Strafen, die die Phantasie für das Jenseits erfunden hatte, auch ihren Weg in das gnadenlose Sonnenlicht des Alltags finden würden.

Für Augustinus war das Gleichnis von Weizen und Unkraut (also schädlichen Pflanzen wie Taumellolch oder Wicken) aus dem Matthäus-Evangelium der Schlüsseltext der Bibel. Jesus lehrte seine Schüler:

> Mit dem Himmelreich ist es wie mit einem Mann, der guten Samen auf seinen Acker säte. Während nun die Menschen schliefen, kam sein Feind, säte Unkraut unter den Weizen und ging weg. Als die Saat aufging und sich die Ähren bildeten, kam auch das Unkraut zum Vorschein. Da gingen die Knechte zu dem Gutsherrn und sagten: Herr, hast du nicht guten Samen auf deinen Acker gesät? Woher kommt dann das Unkraut? Er antwortete: Das hat ein Feind getan. Da sagten die Knechte zu ihm: Sollen wir gehen und es ausreißen? Er entgegnete: Nein, damit ihr nicht zusammen mit dem Unkraut den Weizen ausreißt. (Matthäus 13:24-29, EÜ)

Dieses Gleichnis scheint nun gerade überhaupt nicht geeignet dafür zu sein, eine Begründung für energische Ketzerverfolgungen zu liefern. Zwar ist das Unkraut auf dem

---

[131] Ebd., S. 666 (sic).

Acker nicht auf natürliche Art und Weise gewachsen, denn der Feind hat es ausgesät. Die schiere Existenz des Unkrautes zieht die Güte derjenigen Samen in Zweifel, die der Gutsherr gesät haben will; es bedroht die lebensnotwendige Ernte. Aber der Gutsherr befiehlt seinen Knechten ausdrücklich, das Unkraut nicht auszureißen, und zwar aus Angst, dass der Weizen zerstört werden könnte. Das Argument ähnelt also in gewisser Weise dem Argument Miltons für die Freiheit des Buchdrucks in den *Areopagitica*. Augustinus aber kommt ganz und gar nicht zu diesem Schluss. In einem einflussreichen interpretativen Zug begründet er, dass die Parabel, entgegen dem, was die Worte Jesu auf den ersten Blick nahelegen, Gewalt durchaus zulässt, wenn man sie richtig versteht:

Der einzige Grund, warum der Gutsherr das Unkraut bis zur Ernte wachsen ließ, war seine Furcht, bei früherem Jäten dem Weizen zu schaden. Wenn es aber diese Furcht nicht gibt, weil es offensichtlich ist, welcher Samen der gute Samen ist, das heißt, weil ein Verbrechen offenkundig und abscheulich ist und als solches von niemandem verteidigt wird, dann ist es richtig, harte Maßregeln zu ergreifen, denn je mehr alles Abartige zurechtgewiesen wird, umso eher bewahrt man die Barmherzigkeit.[132]

Die Ausrottung falscher Glaubensvorstellungen geschieht im Dienste der Barmherzigkeit, denn die vorsichtigen Worte des Gleichnisses gelten nur für den Zeitraum vor der Reife des Samens. Da wir nunmehr aber ganz genau und unzweifelhaft wissen, was Weizen ist und was Unkraut –

---

132 Augustinus: *Scriptorum contra Donatistas pars I*. Hg. von M. Petschenig (= CSEL 51). Wien (Tempsky) 1908, S. 115 = Contra epistulam Parmeniani 3.2.13 (Übers. T.R.).

so der Standpunkt des doktrinären Absolutismus –, ist es angebracht, genau das zu tun, was die Schlussverse von Jesu Gleichnis nahelegen:

> Lasst beides wachsen bis zur Ernte und zur Zeit der Ernte werde ich den Schnittern sagen: Sammelt zuerst das Unkraut und bindet es in Bündel, um es zu verbrennen; den Weizen aber bringt in meine Scheune! (Matthäus 13:30, EÜ)

Die vorhergehende Ermahnung, aus Sorge um den Weizen nicht das Unkraut auszureißen, darf in der Interpretation des Augustinus nicht als eine Richtlinie für die Behandlung von Ketzern aufgefasst werden. Das Gleichnis unterscheidet zwischen zwei Zeiträumen: dem des Wachstums und dem der Ernte. Ersterer, so glaubt Augustinus, bedeutet die Vergangenheit und letzterer die Gegenwart. Entsprechend ist es für ihn nicht an der Zeit, nachsichtig zu sein, sondern an der Zeit, zu bündeln und zu verbrennen.

Augustinus hatte zumindest anfangs Gewalt als Reaktion auf die Donatisten abgelehnt. Gewiss konnte man ihnen nicht gestatten, ihren eigenen Weg zu gehen, aber man sollte sie doch nicht durch Zwang, sondern durch Überzeugungsarbeit zurück in den Schoß des Katholizismus bringen. Denn schlussendlich, wie Augustinus erkannte, hatten viele Abweichler ihre entarteten und von der Orthodoxie abweichenden Meinungen von ihren Eltern und anderen Leuten übernommen. Es wäre falsch gewesen, solche Menschen als Ketzer zu bezeichnen, umso mehr, wenn sie bereit waren, die Wahrheit zu suchen, und sich zu ändern, wenn sie sie gefunden hätten. Diejenigen aber, die auf ihrem Irrtum verstockt und mit bösem Willen beharrten, stellten ein ernsteres Problem dar. Ihr Stolz und ihre Anmaßung verlangten eine härtere Hand. Zwar lehnte Augustinus auch weiterhin Folter und Hinrichtungen als Strafe für Ketzerei ab. Aber mit einem Zitat aus dem Buch der Sprüche 23:14 (»Du schlägst ihn mit dem Stock, bewahrst aber sein Leben vor der Unterwelt«) befürwortete er doch leichtere Formen des Zwanges. Schließlich hatte der Herr in Jesu Gleichnis vom Festmahl Zwang gutgeheißen: »Da sagte der Herr zu dem Diener: Geh zu den Wegen und Zäunen und nötige die Leute hereinzukommen (*compelle intrare*), damit mein Haus voll wird.« (Lukas 14:23, EÜ)

Als die ganze Macht des Imperiums mobilisiert wurde, um diese Politik des Zwangs im Dienste des Monotheismus, des Universalismus und des doktrinären Absolutismus umzusetzen, war die Folge genau das, was Perez Zagorin bündig so zusammengefasst hat: »Von allen großen Weltreligionen der Vergangenheit und Gegenwart ist das Christentum mit Abstand die intoleranteste gewesen.«[133] In den Jahrhunderten nach Augustinus wurde Ketzerei als das schwerwiegendste aller Verbrechen klassifiziert und entsprechend geahndet. So heißt es in einer vielzitierten Passage der *Summa Theologica* des Thomas von Aquin: »Es ist weit schwerwiegender, den Glauben zu entstellen, durch den die Seele ihr Leben hat, als Geld zu fälschen, das nur dem irdischen Leben dient. Wenn nun die Münzfälscher und andere Übeltäter ohne weiteres durch die weltlichen Fürsten von Rechts wegen dem Tod überliefert werden, so können umso mehr die Häretiker, sobald sie der Häresie überführt sind, nicht nur aus der Gemeinschaft ausgeschlossen, sondern auch rechtens getötet werden.«[134]

---

133 Perez Zagorin: *How the Idea of Religious Toleration Came to the West*. Princeton (Princeton University Press) 2003, S. 1 (Übers. T.R.).

134 Thomas von Aquin: *Die deutsche Thomas-Ausgabe: vollständige, ungekürzte deutsch-lateinische Ausgabe der Summa Theologica*. Übers. von Dominikanern und Benediktinern Deutschlands und Österreichs, hg. von der Albertus-Magnus-Akademie Walberberg bei Köln.

Mehr als tausend Jahre nach Augustinus wurde das Gleichnis vom Weizen und dem Unkraut oftmals bemüht, um die Folter und Hinrichtung derer zu rechtfertigen, die sich auf so widernatürliche Art und Weise einer Irrlehre hingegeben hatten. Im 16. Jahrhundert schrieb der Großinquisitor von Frankreich, der Dominikaner Matthieu Ory, dass in der Apostelgeschichte des Neuen Testamentes die Verbrennung von okkulten Büchern gutgeheißen werde, und fragte entsprechend:

»Wenn es also erlaubt ist, tote Bücher den Flammen zu übergeben, gilt das nicht auch umso mehr für lebendige Bücher, also Menschen? Die Schrift sagt, dass eine Hexe nicht am Leben gelassen werden darf, und Häretiker sind Hexen im Geiste. Das Gesetz der Natur erfreut sich daran, wenn ein schädliches Glied entfernt wird. Gewiss, das Unkraut sollte zur Zeit Christi noch nicht ausgerottet werden, als die Herrscher selbst noch keine Christen waren. Jetzt aber liegen die Dinge anders.«[135]

Einige Stimmen legten beredt Widerspruch ein. Sebastian Castellio erklärte: »Einen Menschen töten heißt nicht eine Lehre verteidigen, sondern einen Menschen töten.«[136] Castellio war seiner Zeit weit voraus, aber er war nicht allein. »Ich halte es für eine schwerwiegende Angelegenheit,

---

Bd. 15: *Glaube als Tugend: II – II, 1-16*. Heidelberg u. a. (Gemeinschaftsverlag) 1950, S. 241.

135 Zitiert nach: Roland H. Bainton: *Hunted Heretic. The Life and Death of Michael Servetus, 1511-1553*. Boston (Beacon Press) 1953, S. 80 (Übers. T.R.).

136 *Hominem occidere non est doctrinam tueri sed hominem occidere.* Zitiert nach: Roland H. Bainton: *Sebastian Castellio and the Toleration Controversy of the Sixteenth Century*. In: *Persecution and Liberty. Essays in honor of George Lincoln Burr*. New York (The Century Co.) 1931, 183-209, hier 198f. (Übers. T.R.).

Menschen umzubringen, weil sie sich in Bezug auf Probleme der Schriftauslegung im Irrtum befinden«, schrieb Michael Servetus, »wo wir doch wissen, dass selbst die Auserlesenen in die Irre geführt werden können.«[137] Auf Orys Befehl hin wurde Servetus von der Inquisition festgenommen, der Häresie überführt und zum Tode verurteilt, allerdings konnte er aus dem Gefängnis entkommen. Er flüchtete sich in das protestantische Genf, in der nachvollziehbaren Hoffnung, dass Calvin es in der Behandlung von theologischen Abweichlern der verhassten römischen Kirche nicht gleichtun werde. Aber Servetus hatte sich getäuscht. »Sollten wir aufhören, gegen den Irrtum anzukämpfen und ihn zu unterdrücken«, fragte Calvin, »weil die Anhänger des Papstes die Wahrheit verfolgen?« Gewiss, Jesu Gleichnis vom Weizen und dem Unkraut stand im Raum, aber der große Reformator schrieb in deutlichem Anklang an Augustinus: »Die Mahnung, das Unkraut bis zur Ernte stehen zu lassen, begründet sich nur aus der Sorge um den Weizen.«[138] Der Weizen aber war nun reif.

In Anbetracht von Calvins fester Überzeugung, dass das Geschick einer jeden Seele bereits durch das geheimnisvolle Urteil Gottes beschlossen worden ist und entsprechend eine Bestrafung nicht zur Zurechtweisung der Unschlüssigen dienen konnte, könnte die Logik, die hinter dem Ausjäten und Verbrennen des Unkrauts steht, etwas eingetrübt erscheinen. Häretiker umzubringen, erschien Calvin aber auch aus dem Grunde angebracht, als so die Blasphemie zum Schwiegen gebracht und die Ehre Gottes gerächt werden konnte. Entsprechend wurde Servetus der Prozess wegen Häresie gemacht. Der Ankläger Rigot

---

[137] Zitiert nach: Roland H. Bainton: *Hunted Heretic. The Life and Death of Michael Servetus.* Boston (Beacon Press) 1953, S. 62 (Übers. T. R.).
[138] Ebd., S. 169f. (Übers. T. R.).

argumentierte, dass des Angeklagten Einsatz für die Toleranz in sich schon ein Schuldeingeständnis sei. Ein jeder, der das Gleichnis aus dem Matthäus-Evangelium bemühe, um einer Strafe zu entgehen, sei ein Feind des Magistrats und aller kirchlichen Disziplin.

VII.

Eine Debatte drehte sich um die Interpretation der folgenden ziemlich kurzen Geschichte, in der es für viele Menschen um Leben und Tod ging. Im Matthäus-Evangelium erzählt Jesus der Menschenmenge das Gleichnis vom Unkraut unter dem Weizen zusammen mit anderen Geschichten; seine Jünger können sich aber offensichtlich keinen Reim darauf machen. Sie bitten ihn, es näher zu erklären, was er gerne tut:

> Er antwortete: Der den guten Samen sät, ist der Menschensohn; der Acker ist die Welt; der gute Samen, das sind die Kinder des Reiches; das Unkraut sind die Kinder des Bösen; der Feind, der es gesät hat, ist der Teufel; die Ernte ist das Ende der Welt; die Schnitter sind die Engel.
> Wie nun das Unkraut aufgesammelt und im Feuer verbrannt wird, so wird es auch bei dem Ende der Welt sein: Der Menschensohn wird seine Engel aussenden und sie werden aus seinem Reich alle zusammenholen, die andere verführt und Gesetzloses getan haben, und werden sie in den Feuerofen werfen. Dort wird Heulen und Zähneknirschen sein. Dann werden die Gerechten im Reich ihres Vaters wie die Sonne leuchten. Wer Ohren hat, der höre! (Matthäus 13:37-43, EÜ)

Was wir hier vor uns haben, darf wohl als die autoritativste *explication de texte* überhaupt gelten, vorgebracht zudem vom Erzähler selbst, der auch noch kein Geringerer ist als der menschgewordene Gott. Da es sich bei der Quelle zudem um eines der drei synoptischen Evangelien handelte, fand kein Gelehrter in der langen Tradition christlicher Hermeneutik einen Grund zu zweifeln, ob das wirklich

Jesu Worte waren; es war verboten, ihre Wahrhaftigkeit infrage zu stellen, und ihren Irrtum oder ihre Schädlichkeit auch nur nahezulegen.

Jesus bestimmte die Natur der Sünden, die im Gleichnis durch das Unkraut dargestellt werden, nicht näher. Ihre Verbindung zur Häresie – ein Konzept, das zu Jesu Lebzeiten nicht existiert hatte – festigte sich erst Jahrhunderte später, mit den einflussreichen Angriffen des Augustinus auf die Donatisten. Wenn sich das Gleichnis überhaupt auf religiöse Differenzen beziehen sollte (seien es rivalisierende Auslegungen des jüdischen Gesetzes, sei es die Verehrung eines anderen Gottes als des Gottes Israels), dann scheinen sich darin auf gewisse Art und Weise der Monotheismus der Juden und der immerwährende Dialog der Polytheisten zu verbinden: Ja, es gibt nur eine Form wahrer Gottesverehrung, und alle anderen Formen sind Sünde, allerdings wird sich diese Wahrheit erst bei der letzten aller Ernten offenbaren.

Der Feind, so hatte Jesus selbst seine Geschichte ausgelegt, ist der Teufel; er ist es gewesen, der mit Absicht das Unkraut unter den Weizen gepflanzt hat. Die frühen Christen hatten Schwierigkeiten zu verstehen, warum sie das Unkraut aus Sorge um den Weizen nicht ausreißen sollten. Wie sollten sie denn sonst Erfolge im Kampf gegen die Irrlehren, die der Teufel ausgesät hatte, verzeichnen können? Johannes Chrysostomos, der Bischof von Konstantinopel, kam zu einer ähnlichen Lösung wie sein Zeitgenosse Augustinus: Das Gleichnis sei kein Verbot, Häretiker zu bestrafen, aber untersage eindeutig die Todesstrafe.[139] Nach Thomas von Aquin stimmte kaum ein katholischer Theologe dem mehr zu, zumindest öffentlich.

---

139 Vgl. Sebastian Castellio: *Concerning Heretics: Whether They Are to Be Persecuted and How They Are to Be Treated: a Collection of the Opinions of Learned Men Both Ancient and Modern.* Hg. und übers.

Im 16. Jahrhundert aber wurde diese Ansicht von einigen visionären Reformern neu belebt und noch weitergetrieben; ihrer Meinung nach waren Jesu Worte nicht nur ein Verbot, Häretiker hinzurichten, sondern ein Verbot, sie überhaupt zu verfolgen. Schließlich ist es, wie Castellio bemerkt hat, ausgesprochen schwierig, überhaupt mit einiger Sicherheit festzustellen, wer ein Häretiker ist. Wenn von nun an das Gesetz gelten sollte, falsche Propheten hinzurichten, so Castellio, dann würden »sicherlich Christus selbst und seine Anhänger umgebracht werden.«[140]

Obwohl eine Häresiebeschuldigung dazu dienen soll, aufrechte Christen in Schrecken zu versetzen, wird sie einer genaueren Untersuchung nicht standhalten. »Nach einer sorgfältigen Untersuchung der Bedeutung des Begriffes Häretiker«, schrieb Castellio, »kann ich nichts Weiteres entdecken als dieses: Wir betrachten diejenigen als Häretiker, mit denen wir nicht einer Meinung sind.«[141] Jemanden aus so fadenscheinigen Gründen zu verfolgen, könne den Glauben nur schwächen. Wer wollte noch Christ sein in Anbetracht so vieler Christen, die sich gegenseitig wegen theologischer Spitzfindigkeiten umbringen? Wer würde da nicht »denken, dass Christus ein Moloch ist oder ein ähnlicher Gott, der danach verlangt, ihm Menschen zu opfern und zu verbrennen?«[142] Der Gott der Christen (nicht der Gott, der endlos für seine Barmherzigkeit gepriesen wird, sondern der Gott, dem man mit Taten dient) ist in ein Monster verwandelt worden. Diese Transformation konnte gelingen, obwohl der Meister geboten hatte, nicht zusammen mit dem Unkraut den Weizen auszureißen.

---

von Roland Bainton. New York (Columbia University Press) 1935, S. 209 (Übers. T.R.).
140 Ebd., S. 242 (Übers. T.R.).
141 Ebd., S. 129 (Übers. T.R.).
142 Ebd., S. 133 (Übers. T.R.).

Castellio zog folgenden Schluss: »Es wäre besser, hundert oder gar tausend Häretiker leben zu lassen, als auch nur einen aufrechten Mann unter dem Vorwand der Häresie umzubringen.«[143]

Das war eine radikale Position, die in der Öffentlichkeit nur von den Wenigsten vertreten wurde. Aber in seinem Jahrhundert war Castellios Ansicht bereits von keinem Geringeren als Martin Luther vorweggenommen worden. Luther schrieb: »Daraus mercke, welch rasende leute wyr sind so lange zeyt gewesen, die wyr die Türcken mit dem schwerd, die ketzer mit dem fewr, die Juden mit tödten haben wollen zum glauben zwingen, und das unkraut aus rotten mit unser eygen gewallt«.[144] Aber das war früh in Luthers Karriere gewesen, bevor er die ganze Sturheit und Verstocktheit der Unerlösten kennengelernt und selbst die Macht besessen hatte, überhaupt Zwang auszuüben. Nur wenige Jahre später schrieb er schon: »Hie zu Wittenberg, Gott Lob, stehen ietzt ein klein Büschlein reines Weizens; wiewol wir des Unkrauts auch nicht gar überhoben sind«.[145] Es sollte nicht mehr lange dauern, bis er sich für die Todesstrafe als letztes Mittel der Reinigung aussprach.

Nur sehr wenige religiöse Autoritäten, ob katholisch oder protestantisch, waren der Auffassung, dass das Gleichnis vom Unkraut unter dem Weizen untersagen würde, Häretiker zum Schweigen zu bringen. Mit dem Argument, dass das Gleichnis »nicht gebietet, von aller Strenge abzulassen«[146], ließ Calvin Servetus auf dem Schei-

---

143 Ebd., S. 139 (Übers. T.R.).
144 Martin Luther: *Werke. Weimarer Ausgabe, Abteilung I: Schriften. Bd. 17.2: Fastenpostille 1525; Roths Festpostille 1527*. Weimar (Böhlau) 1927, S. 125.
145 Martin Luther: *Hauspostille*. Hg. von Johann Georg Plochmann. 2. Bd. Erlangen (Heyder) 1826, S. 65.
146 Zitiert nach: Roland H. Bainton: *Early and medieval Christianity*. Boston (Beacon Press) 1962, S. 108 (Übers. T.R.).

terhaufen verbrennen. Der radikale Reformator Thomas Müntzer, überzeugt, dass das Ende nah sei, trieb seine Anhänger an, prompt und gewalttätig zu handeln: »Das Unkraut muss ausgejätet werden aus dem Weinberg des Herrn zur Zeit der Ernte.«[147] Pieter Titelmans, der katholische Inquisitor von Flandern, teilte zwar diese Überzeugung über das unmittelbar bevorstehende Ende der Welt nicht, fühlte sich aber dennoch völlig berechtigt, Häretiker umzubringen. Als ihn der Wiedertäufer Claes de Praet im Verhör fragte, ob er in ihm Weizen oder Unkraut sehe, antwortete Titelmans, dass er, sein Gefangener, zweifellos Unkraut sei. »Warum also lässt du mich nicht wachsen bis zur Zeit der Ernte?« »Weil die Sorge des Gutsherrn nur gewesen war«, kam zur Antwort, »dass die Knechte den Weizen beschädigen könnten. Ich kann an den Rändern entlanggehen, und hier und da eine oder zwei Handvoll Unkraut ausreißen, ja, oder manchmal sechs, acht, zehn, zwölf, in der Tat, ja, und dann einhundert oder zweihundert, ohne dass dem Weizen etwas geschieht.«[148] Titelmans' Lesart der Geschichte machte es ihm möglich, die menschlichen Wesen, die er als schädliches Unkraut ansah, im Feuer hinrichten zu lassen.

Was soll man zu diesem außergewöhnlichen Stück Literaturgeschichte sagen, von dem das Leben Tausender Männer und Frauen abhing? Wie können wir die Tatsache erklären, dass die dominante und tödliche Interpretation des Gleichnisses so sehr zu dem im Widerspruch steht, was heute als die offensichtliche Bedeutung der Worte Jesu erscheint? Eine naheliegende Antwort – die zynische Ant-

---

147 Ebd., S. 120 (Übers. T.R.).
148 Zitiert nach: T.J. van Braght: *A martyrology of the churches of Christ commonly called Baptists during the era of the Reformation.* Hg. von Edward Bean Underhill. Bd. 2. London (Society) 1853, S. 82 f. (Übers. T.R.).

wort – wäre es zu sagen, dass die Mächtigen eben immer einen Weg finden, zu tun, was sie wollen, selbst wenn ihre Handlungen im direkten Gegensatz zum ausdrücklichen Gebot des Gottes stehen, den sie vorgeblich verehren, dem sie vorgeblich dienen. Wenn sie das Gebot nicht einfach ignorieren können, dann werden sie (sowohl als Individuen als auch als Gruppen, als Institutionen) allen nötigen Erfindungsgeist aufbieten, um den Worten genau die Bedeutung abzuringen, die ihnen nützlich ist.

Der Gesang der Vögel oder der Tanz der Bienen oder das keuchende Grunzen eines Schimpansen sind komplexe Bedeutungssysteme, aber solche Sprachen, wenn das der richtige Ausdruck dafür ist, scheinen keinen Raum für derartige Mehrdeutigkeiten zu bieten. Ganz im Gegenteil. Wenn eine Biene nur vortäuschen würde, die Richtung des Pollenfundes anzugeben, dann würde der ganze Bienenstock Hunger leiden oder, etwas plausibler, die betrügerische Biene würde totgestochen werden. Aber die menschliche Sprache ist ein flexibles Werkzeug. Da schließlich keine Bedeutung je absolut festgelegt erscheint, können Theologen, Rechtsanwälte, Literaturkritiker und Philosophen jeden Code so umformen, dass er ihren Zwecken entspricht. Das ist der Triumph unserer Art zu kommunizieren. Wenn dem nicht so wäre, wären wir auf einige wenige Ausdrücke festgelegt, und unsere Freiheit, Fähigkeit und Geschicklichkeit zur Anpassung wären empfindlich beschränkt. Die Form des Gleichnisses trägt dieser allgegenwärtigen, unvermeidlichen Flexibilität, aber auch der Freiheit, die sie mit sich bringt, vollständig und selbstbewusst Rechnung.

Aber ist diese Darstellung zutreffend? Nehmen wir einmal an, Jesus hätte gesagt: »Es ist euch nicht erlaubt, diejenigen zu bestrafen, die von euren religiösen Lehren abweichen. Ich, der Sohn Gottes, werde selbst von einigen zu diesen Leuten gezählt. Es ist nicht an euch, ein Urteil zu fällen. Ich selbst werde mich um das Urteil kümmern, wenn das Ende der Zeit gekommen ist, wenn ich zurückkehren werde, um die Guten zu belohnen und die Bösen zu bestrafen.« Hätte sich dadurch irgendetwas verändert? Vielleicht wären die Mächtigen dadurch eingeschränkt worden. Vielleicht wären sie in jedem Falle fähig gewesen, den Worten genau das abzuringen, was zu ihrem Entschluss passte, all jene zu jagen und zu töten, die sie hassten.

Wie dem auch sei, es ist eine Tatsache, dass sich Jesus mit seinem Gleichnis nicht auf das Thema der Häresie bezog – das Konzept existierte zu seiner Zeit noch nicht – und dass es nicht seine Absicht war, etwas Unmissverständliches über Bestrafung zu sagen. Auf die drängende Frage seiner Jünger hin hatte er eine Interpretation gegeben, aber mit dieser Interpretation war keine einzige praktische Frage geklärt. Über Jahrhunderte hinweg diskutierten seine Anhänger endlos über die Bedeutung der einzelnen Teile im Gleichnis: Wer ist der Weizen, und wer ist das Unkraut? Wer ist der Feind? Sind die Knechte die Behörden oder Inquisitoren? Ist es an der Zeit, zu sondern, zu sammeln und zu verbrennen? Wie werden wir wissen, dass der richtige Augenblick zur Ernte gekommen ist?[149] Seine Anhänger versuchten, Antworten auf diese Fragen zu finden, erkundeten dabei die Bedeutung von Gerechtigkeit und Gnade und wählten zwischen Gut und Böse.

---

149 Im Markus-Evangelium, in dem das Gleichnis vom Weizen und dem Unkraut nicht vorkommt, befragen die Jünger Jesus über seine Gleichnisse. Jesus sagt ihnen, dass das Geheimnis des Reiches Gottes gegeben ist, während denen, die draußen sind, alles nur in Form von Gleichnissen gesagt werde, denn, so Jesus mit einem Zitat aus Jesaja, »sehen sollen sie, sehen, aber nicht erkennen; hören sollen sie, hören, aber nicht verstehen, damit sie sich nicht bekehren und ihnen nicht vergeben wird.« (Markus 4:12, EÜ)

VIII.

Es gibt widerstreitende Darstellungen des Prozesses, durch den die Welt dem Alptraum der religiösen Verfolgungen entkommen ist – wenn sie ihm denn entkommen ist. Eine entscheidende Rolle in diesem Prozess hat eindeutig die Renaissance gespielt: Durch die Neubewertung des heidnischen Altertums, die beunruhigenden Entdeckungen der Neuen Welt, das langsame Zunehmen des philosophischen Skeptizismus, die weit verbreitete Ablehnung im Volk als Folge der Religionskriege und durch die Entschlossenheit weltlicher Herrscher, pragmatische Lösungen für immer wieder aufflammende Gewalt und Unordnung in der Öffentlichkeit zu finden. Aber diese Themen waren durchaus nicht schnell oder endgültig erledigt. John Lockes gefeierter *Letter Concerning Toleration* aus dem Jahr 1685 verkündete geradeheraus: »Daher steht die Sorge für eines jeden Seelenheil ihm selber zu und muß ihm selbst belassen werden.«[150] Aber selbst zu diesem Zeitpunkt, der in jeder Hinsicht das alleräußerste Ende der Renaissance in England darstellt, fanden sich nur sehr wenige Zeitgenossen, die dem zustimmten oder zumindest bereit waren, ihre Zustimmung zu dieser Regel öffentlich zu bekunden.

Locke argumentierte, dass der Glaube an die eine oder die andre Religion nicht erzwungen werden könne und dass die Abweichung von der einen oder der andren Religion nicht bestraft werden solle. Denn »alles Leben und alle Macht wahrer Religion besteht in der inneren und vollkommenen Gewißheit des Urteils, und kein Glaube ist Glaube ohne Fürwahrhalten.«[151] Daher muss eine Kirche »eine freie und

---

[150] John Locke: *Ein Brief über Toleranz*. Engl./Dt. Übers., eingeleitet und in Anmerkungen erläutert von Julius Ebbinghaus. Hamburg (Felix Meiner) 1957, S. 43.
[151] Ebd., S. 15.

auf Freiwilligkeit beruhende Gesellschaft«[152] sein. Locke schrieb: »Ich mag reich werden durch ein Handwerk, zu dem ich keine Lust habe, ich mag von einer Krankheit gesunden durch Heilmittel, zu denen ich kein Zutrauen habe, aber ich kann nicht selig werden durch eine Religion, der ich mißtraue, und durch einen Gottesdienst, den ich verabscheue.«[153] Und was die Ansprüche der Orthodoxie angeht, »jeder ist in seinen eigenen Augen orthodox«.[154]

Es ist wichtig, sich klar zu machen, dass noch im England des späten 17. Jahrhunderts solche Ansichten häufig und heftig angegriffen wurden, weil sie das Maß des Annehmbaren weit überstiegen; und Locke selbst formulierte eine bezeichnende Ausnahme. Gegen Ende des Briefes schrieb er: »Letztlich sind diejenigen ganz und gar nicht zu dulden, die die Existenz Gottes leugnen.«[155] (*Ultimo, qui numen esse negant, nullo modo tolerandi sunt.*) Wenn Religion »in der inneren und vollkommenen Gewißheit des Urteils« besteht, warum sollte sich dann die Toleranz nicht auch auf diejenigen erstrecken, deren Urteil ungewiss ist? Locke gibt den Grund an: »Versprechen, Verträge und Eide, die das Band der menschlichen Gesellschaft sind, können keine Geltung für einen Atheisten haben.«[156]

---

152 Ebd., S. 19.
153 Ebd., S. 53 ff.
154 Ebd., S. 3; in ebendem Sinne hatte Castellio geschrieben: »Wer hätte je von sich gedacht, die falsche Religion zu besitzen?« Vgl. Sebastian Castellio: *Concerning Heretics: Whether They Are to Be Persecuted and How They Are to Be Treated: a Collection of the Opinions of Learned Men Both Ancient and Modern*. Hg. und übers. von Roland Bainton. New York (Columbia University Press) 1935, S. 278 (Übers. T.R.).
155 Ebd., S. 95. Die lateinischen Zitate folgen der Ausgabe: John Locke: *Epistola de Tolerantia*. Lat./Engl. Hg. von Raymond Klibansky, übers. von John Wiedhofft Gough. Oxford (Clarendon Press) 1968.
156 John Locke: *Ein Brief über Toleranz*. Engl./Dt. Übers., eingeleitet und in Anmerkungen erläutert von Julius Ebbinghaus. Hamburg (Felix Meiner) 1957, S. 95.

(*Athei enim nec fides nec pactum nec jusjurandum aliquod stabile et sanctum esse potest, quae sunt societatis humanae vincula.*) Das Argument ist sozialer Natur, das heißt, es bezieht sich nicht auf das ewige Leben der Seele, sondern auf das Hier und Jetzt. Obwohl der Staat die Individuen nicht durch Gewalt zu bestimmten Formen des Glaubens zwingen kann, so hat doch die Gemeinschaft ein legitimes Interesse daran, sich selbst zu schützen. Dieser Schutz wird gegen diejenigen, die das tiefe Fundament des sozialen Miteinanders bedrohen, besonders wichtig. »Gott auch nur in Gedanken wegnehmen«, so Locke, »heißt alles dieses auflösen« (*Adeo ut Deo vel ipsa opinione sublato haec omnia corruant*).[157]

Auch nur in Gedanken: Hier, am äußersten Ende der englischen Renaissance, in Werken einer ihrer mutigsten und aufgeklärtesten Gestalten, finden wir eine klar bezeichnete Grenze für das, was toleriert werden kann. Diese Grenzbestimmung hat eine markante Ähnlichkeit mit einer Position, die bereits über 150 Jahre zuvor, am Beginn der englischen Renaissance, von einer anderen mutigen und aufgeklärten Gestalt bezogen worden war, namentlich Thomas Morus. Utopus, der Begründer des nach ihm benannten Gemeinwesens, hatte folgende, für Morus' Europa ungewöhnliche und überraschende Regelung erlassen: »Jeder dürfe der Religion anhängen, die ihm beliebe; jedoch noch andere Leute zu seiner Religion zu bekehren dürfe er nur in der Weise versuchen, dass er seine Meinung freundlich und ohne Anmaßung auf Vernunftgründen aufbaue, nicht indem er die anderen Anschauungen mit Heftigkeit herabsetze. Sollte es ihm nicht durch Zureden gelingen, die anderen zu überzeugen, so solle er keinerlei Gewalt

---

157 Ebd., S. 95.

anwenden und Schmähungen unterdrücken.«[158] Vor einer Position aber wird nicht nur mit Nachdruck gewarnt, sondern sie wird verboten: »Nur das eine hat er feierlich und streng verboten, dass einer so tief unter die Würde der menschlichen Natur sinke, dass er meint, die Seele ginge zugleich mit dem Leibe zugrunde oder die Welt treibe aufs Geratewohl und ohne göttliche Vorsehung ihren Lauf.«[159]

Der größte Verfechter religiöser Toleranz im 16. Jahrhundert, der französische Reformator Sebastian Castellio, hätte an dieser Gesetzgebung in Utopia nichts auszusetzen gehabt. Obwohl er sich standhaft gegen die Todesstrafe einsetzte, so war er doch auch der Meinung, dass christliche Behörden durchaus berechtigt dazu waren, durch Exkommunikation, Bußgelder oder gar Verbannung gegen gewisse aufrührerische Elemente vorzugehen, damit sie mit ihren dem Wort Gottes widersprechenden Ansichten nicht länger den Frieden der Kirche störten. Unter diesen Ansichten hob Castellio besonders die Lehre derer hervor, »die die Erschaffung der Welt, die Unsterblichkeit der Seele und die Auferstehung leugnen.«[160] Das ist die Minimalausstattung an Glauben, die jedermann besitzen muss.

John Locke hingegen fühlte sich vielleicht etwas unwohl dabei, in einem Werk, das sich gegen jeglichen theologisch

---

158 Thomas Morus: *Utopia*. Lat./Dt. Übers. von Gerhard Ritter, mit einem Nachwort von Eberhard Jäckel. Stuttgart (Reclam) 2012, S. 291. Hier findet sich eine Spannung, die Morus nicht aufzulösen versucht: einerseits der Appell, sich in der Begründung einer religiösen Überzeugung auf Vernunftgründe zu stützen, andererseits die Verehrung der asketischen Buthrescae, und zwar genau aus dem Grund, dass sie ihr Tun nicht vernunftgemäß zu begründen versuchen.
159 Ebd., S. 293 ff.
160 Sebastian Castellio: *Concerning Heretics: Whether They Are to Be Persecuted and How They Are to Be Treated: a Collection of the Opinions of Learned Men Both Ancient and Modern*. Hg. und übers. von Roland Bainton. New York (Columbia University Press) 1935, S. 137 (Übers. T.R.).

fundierten Zwang richtet, bestimmte Lehrsätze gesondert hervorzuheben, und so ließ er den Mindestglauben in der Schwebe: »qui numen esse negant, nullo modo tolerandi sunt.« Er gibt auch keine Gründe an, warum die Leugnung der Gottheit den sozialen Zusammenhalt gefährden sollte. Morus' Bewohner von Utopia hingegen sind da geradliniger und kohärenter in ihren Forderungen und Gründen. Um zu den Bürgern des tolerantesten aller Phantasiestaaten der Renaissance zu zählen, müssen sich alle Utopier zu dem Glauben an Belohnung und Bestrafung im Jenseits und zur göttlichen Vorsehung im Universum bekennen. Jeder, der bei der Prüfung dieses Glaubens durchfällt, wird als ein Untermensch behandelt und entsprechend versklavt oder umgebracht. Warum? »Kann es jemandem zweifelhaft sein, dass er versuchen würde, die Gesetze seines Landes [patriae leges] entweder heimlich und mit List zu umgehen oder mit Gewalt umzustoßen, sofern das seinen privaten Wünschen dienlich wäre, da er ja über die Gesetze hinaus nichts fürchtet, über sein körperliches Leben hinaus nichts erhofft?«[161]

Diese Frage beschwört das Gespenst herauf, das selbst die radikalsten Verteidigungen der Toleranz in der Renaissance heimsucht. Wir sind beim Grenzfall angekommen, wir haben den Punkt erreicht, in dem sich der früheste und der späteste Augenblick der englischen Renaissance treffen: die mystische Hochzeit des unerbittlichen katholischen Heiligen und des protestantischen Philosophen der liberalen Aufklärung. Selbst der radikale Castellio gibt seine Zustimmung: Das ist es, was schlichtweg nicht toleriert werden kann.

---

161 Thomas Morus: *Utopia*. Lat./Dt. Übers. von Gerhard Ritter, mit einem Nachwort von Eberhard Jäckel. Stuttgart (Reclam) 2012, S. 295 (leicht modifiziert).

IX.

Dass fast der gesamte Bestand der antiken materialistischen Philosophie – die Schulen des Demokrit, Leukipp und Epikur – verloren ist, ist kein Zufall. Bei Platon und Aristoteles fanden Polytheisten, Juden und Christen vieles, was sie bewundern konnten, und so gab es auch einen Grund, große Teile ihrer Werke zu erhalten. Der Atomismus genoss keine so gute Aufnahme. Der Garten Epikurs, einstmals eine der großen philosophischen Schulen in Athen, lag brach. Als Kaiser Julianus Apostata zur Mitte des 4. Jahrhunderts versuchte, den Polytheismus gegen das anstürmende Christentum zu revitalisieren, erstellte er eine Liste von Werken, die heidnische Priester und Lehrer gelesen haben sollten. Bei dieser Gelegenheit bemerkte er auch, welche Bücher gerade nicht gelesen werden sollten: »Abhandlungen von Epikureern sollten wir nicht erlauben.«[162] In ganz ähnlicher Art und Weise bezeichneten die Juden diejenigen, die aus der rabbinischen Tradition ausscherten, als *apikoros*, also Epikureer.[163] Und der Kirchenvater Laktanz formulierte den Urteilsspruch noch härter: »Die Religion wird aber aufgelöst, sofern wir Epikur glauben«[164].

---

162 Und er fügte noch hinzu: »Allerdings haben die Götter in ihrer Weisheit bereits die Werke der Epikureer zerstört, sodass die meisten ihrer Bücher nicht mehr verfügbar sind.« Zitiert nach: Luciano Floridi: *Sextus Empiricus. The Transmission and Recovery of Pyrrhonism*. Oxford/New York (Oxford University Press) 2002, S. 13 (Übers. T.R.). Neben den Epikureern wollte Julianus auch die Pyrrhonier ausschließen, das heißt die philosophischen Skeptiker.
163 Der Begriff bezeichnete genau genommen nicht Atheisten. Ein *apikoros*, führte Maimonides aus, war ein Mensch, der die Offenbarung leugnet und daran festhält, dass Gott kein Wissen und auch kein Interesse bezüglich menschlicher Handlungen besitzt.
164 Laktanz: *De ira dei liber. Vom Zorne Gottes*. Lat./Dt. Eingeleitet, hg., übertragen und erläutert von H. Kraft und A. Wlosok. Darmstadt (WBG) 1974, S. 19.

Etwa gleichzeitig mit Minucius Felix argumentierte der christliche Theologe Clemens von Alexandria, dass der Teufel epikureische Ideen in ansonsten gesündere Philosophien eingeschleust habe. Sie waren das Unkraut, das zwischen den nährenden Weizen gesät worden war, um die Gläubigen zu verführen. Es sei nicht die Aufgabe der Christen, so Clemens, alle Philosophie auszujäten. Den Griechen sei die Philosophie »in höherem Maß gleichsam als ein ihnen eigenes Vermächtnis« gegeben worden, und in ihren lichtesten Momenten sei sie »eine Vorstufe der auf Christus beruhenden Philosophie«[165]. Die Worte des Paulus im zweiten Kolosserbrief »Gebt Acht, dass euch niemand mit seiner Philosophie und leerem Trug einfängt« (Kolosser 2:8, EÜ), waren nicht dazu gedacht, »jegliche Philosophie schlechtzumachen, sondern nur die Epikureische, […] weil sie die Vorsehung leugnet und die Lust vergöttert«[166]. Epikur habe seine Ideen bei Demokrit gestohlen und die Lust – »nichts an und für sich Notwendiges, vielmehr nur die Begleiterscheinung bei gewissen natürlichen Bedürfnissen«[167] – als den höchsten Gott gepriesen. Ausschließlich dieses schädliche Unkraut – ein »Grundsatz für den glücklichen Sieg kotfressender Schweine, nicht vernunftbegabter und nach Weisheit strebender Männer«[168] – musste zerstört und ausgerottet werden.

165 Clemens von Alexandrien: *Teppiche. Wissenschaftliche Darlegungen entsprechend der wahren Philosophie*. Übers. von Otto Stählin. Bd. 2 = Bibliothek der Kirchenväter, 2. Reihe, Bd. 19. München (Kösel) 1937, S. 282 f. = 6:8:67.
166 Clemens von Alexandrien: *Teppiche. Wissenschaftliche Darlegungen entsprechend der wahren Philosophie*. Übers. von Otto Stählin. Bd. 1 = Bibliothek der Kirchenväter, 2. Reihe, Bd. 17. München (Kösel) 1936, S. 51 = 1:11:50.
167 Ebd., S. 235 = 2:20:118.
168 Ebd., S. 240 = 2:21:127.

Sämtliche Werke von Demokrit und Leukipp sind verloren gegangen; und abgesehen von drei Briefen und einer Liste von 40 Maximen, die bei dem antiken Philosophiehistoriker Diogenes Laertius zitiert werden, ist auch das gesamte Werk Epikurs verschwunden.

Umso erstaunlicher ist es da, dass das lange Gedicht *De rerum natura* des Lukrez, aus dem wir den Großteil unserer Kenntnisse über den antiken Materialismus beziehen, überliefert wurde und überlebt hat. Über Jahrhunderte hinweg muss sein Schicksal an einem denkbar dünnen Faden gehangen haben. »Macer nämlich und Lukrez sind zwar lesenswert«[169], bemerkte der römische Rhetor Quintilian, bevor er sich dann mit Varro Atacinus, Cornelius Severus, Saleius Bassus, Gaius Rabirius, Albinovanus Pedo, Marcus Furius Bibaculus, Lucius Accius und Marcus Pacuvius auseinandersetzt. Von keinem der Autoren dieser Liste sind bisher Werke entdeckt worden, die einzige Ausnahme ist Lukrez. Dass er überlebte, hing voll und ganz von den Launen der klösterlichen Skriptorien ab. Zwei Momente waren entscheidend. Zunächst war da der Moment, als ein Mönch um die Erlaubnis ersuchte oder dazu verpflichtet wurde, die 7.400 Verse des Lukrez abzuschreiben, die ansonsten zusammen mit so vielem anderen verloren gegangen wären. Und dann war da der Moment im Jahr 1417, als der päpstliche Sekretär und humanistische Bücherjäger Poggio Bracciolini das Manuskript entdeckte, eine Abschrift anfertigen ließ und sie zu seinem Freund, dem Humanisten Niccolò Niccoli, nach Florenz schicken ließ.

Der zentrale Lehrsatz von *De rerum natura*, dass das Universum sich aus Atomen und Leere zusammensetzt,

---

169 Quintilian: *Institutio oratoria X / Lehrbuch der Redekunst 10. Buch*. Lat./Dt. Übers., kommentiert, eingeleitet und hg. von Franz Loretto. Stuttgart (Reclam) 2000, S. 49.

war schwerlich eine herrschende Meinung in der Welt Poggios, aber doch wird es keine völlige Überraschung gewesen sein. Die Intellektuellen in den Jahrhunderten nach dem Untergang der römischen Welt wussten, dass es einmal eine solche Lehre gegeben hatte, und verstanden in Ansätzen, welche Bedeutung diese Lehre in den Debatten der antiken Physik gehabt hatte. Niemand aber war darauf vorbereitet, all die Implikationen tolerieren zu können, die Lukrez sorgsam im Zusammenhang seiner Ausführungen darlegt. Denn Lukrez bestand nicht nur darauf, dass die Welt aus einer unendlichen Zahl winzig kleiner, unzerstörbarer Partikel – »Uranfänge«, »Körper des Stoffes«, »Samen der Dinge« – zusammengesetzt sei, sondern auch darauf, dass nichts anderes existiere: keine andere Form des Daseins und also keine immateriellen Dämonen, Engel oder Geister und keine körperlosen, unsterblichen Seelen. Was daraus folgte, war eine lehrbuchreife Abfolge unerträglicher Lehrsätze – von genau der Art, wie sie Morus und Locke und fast all ihren Zeitgenossen Alpträume verursachte.

Im *Octavius* des Minucius Felix bringt der Polytheist Caecilius einige dieser Lehrinhalte vor: ein Universum, das keinen Schöpfer oder Designer besitzt und stattdessen das Ergebnis zufälliger Atombindungen ist; das Fehlen eines Planes der Vorsehung; die Leugnung von Belohnung oder Strafe im Jenseits; die Befreiung von abergläubischen Ängsten bezüglich des Gottesdienstes und des Schicksals der Seele; das Streben nach Lust als dem höchsten Gut in der Welt. Diese Lehrsätze brachte ihr Freund als Teil seiner Apologie des Polytheismus vor, sie konnten die zwei Christen nicht schockieren. Schließlich waren sie im späten 2. Jahrhundert weit genug verbreitet und wurden in Werken wie Ciceros *De natura deorum* ausgiebig erörtert. Der christliche Apologet Octavius begegnet ihnen nicht mit Empörung, sondern verweist selbstbewusst auf die handfesten Zeichen der Ordnung in allem, rundherum ersichtlich. Wie sollte so viel Ordnung in der Natur ohne einen göttlichen Schöpfer existieren können?

Als dieselben epikureischen Lehrsätze aber im frühen 15. Jahrhundert erneut zirkulierten, machten sie Skandal unter den Erben einer reichen, jahrhundertealten Kultur, die einen allmächtigen und allwissenden Schöpfergott verehrte, Spiritualität und Transzendenz feierte und sich unablässig den Wert der Buße in Schmerz, Leid und Entsagung bewusst machte. Die Tatsache, dass das Gedicht des Lukrez und der ganze epikureische Diskurs, an dem das Gedicht teilnahm, für mehrere Jahrhunderte fast vollständig aus dem Blick geraten war, ließ ihr Wiederauftauchen 1417 umso mehr zu einem Schock geraten. Während dieser Zeit wurden auch wichtige Texte von Platon, Aristoteles, Cicero und anderen wiederentdeckt, aber ihre Rezeption war durch eine lange, langsame Tradition vorbereitet worden, in der die stets erhalten gebliebenen Werke gelesen, kommentiert und anverwandelt wurden. Von einigen zerstreuten philologischen Kommentaren abgesehen, gab es eine solche Tradition für Lukrez nicht: Nachdem ein Jahrtausend lang Schweigen über den Kernsätzen seiner Philosophie gelegen hatte, war seine Rückkehr geradezu unheimlich. Er sprach mit erhabener Beredsamkeit, aber vieles, was er sagte, erschien den Zeitgenossen Poggios, bis auf wenige Ausnahmen, als gottlos, unglaublich oder schlichtweg unverständlich. Marsilio Ficino, einer der brillantesten philosophischen Köpfe seiner Zeit, begann als junger Mann einen Kommentar zu *De rerum natura*, aber nachdem er absehen konnte, wohin es ihn führen würde, verbrannte er ihn.

Selbst Werke, die weniger systematischen Epikureismus boten und daher weniger skandalös erschienen als *De re-*

rum natura, waren riskant, wenn sie etwa die Sterblichkeit der Seele oder eine ähnliche, nicht zu tolerierende Position nahelegten. Unter den Texten, die Ficino aus dem Griechischen ins Lateinische übersetzte, fand sich etwa der pseudoplatonische Dialog *Axiochos*. Der Dialog gibt sich erst ganz harmlos: Infolge einer schweren Krankheit wendet sich der alte Axiochos, den die Vorstellung des Todes mit Schrecken erfüllt, an Sokrates, um sich mit etwas Philosophie zu rüsten. Sokrates bringt verschiedene Tröstungen vor, und darunter findet sich auch ein Leitgedanke des Lukrez: »Dass er [der Tod, S.G.] einerseits mit den Lebenden nichts zu tun hat, andererseits die Toten nicht mehr existieren. Daher hat er weder jetzt mit dir zu tun – denn du bist nicht tot – noch wird er mit dir zu tun haben, wenn dir etwas passiert; denn dann wirst du nicht mehr da sein.«[170]

Die doktrinären Alarmglocken mussten allerdings nicht zwangsläufig geläutet werden, denn auf diese Passage im *Axiochos* folgte eine heitere Beschreibung des Lebens nach dem Tod:

> »Denn du wandelst dich nicht zum Tod, sondern zur Unsterblichkeit hin, mein lieber Axiochos, und du wirst auch keinen Verlust deiner Güter haben, sondern sie leichter genießen können.«[171]

Aber da die Verteidiger der Orthodoxie bereits Verdacht geschöpft hatten, waren sie nun bereit, zuzuschlagen. 1544 veröffentlichte der französische Humanist Étienne Dolet eine Übersetzung des Dialoges ins Französische, in der er die Worte »denn dann wirst du nicht mehr da sein« als »tu

---

170 Ps.-Platon: *Über den Tod*. Gr./Dt. Eingeleitet, übers. und mit interpretierenden Essays versehen von Irmgard Männlein-Robert et al. Tübingen (Mohr Siebeck) 2012, S. 53.
171 Ebd., S. 55 ff.

ne seras plus rien du tout«[172] wiedergab. Dolet war bereits zuvor mit der Inquisition aneinandergeraten. Er wurde angeklagt, »impie, scandaleux, schismatique hérétique, défenseur des hérétiques, pernicieux à la chose publique«[173] zu sein und wurde für fünfzehn Monate gefangengesetzt, allerdings hatte er mächtige Verbündete, durch deren Vermittlung er freikam. Jetzt aber hatten seine Feinde endlich gefunden, was sie gesucht hatten: Sie versteiften sich auf die kleine, volkssprachige Verstärkung »rien du tout« (»dann wirst du *gar nichts mehr* sein«). Die theologische Fakultät der Sorbonne verurteilte die Übersetzung, weil dieser Satz »der Intention Platons zuwiderlaufe«[174] und als häretisch einzuschätzen sei. Nach einem zweijährigen Prozess wurde Dolet als rückfälliger Häretiker verurteilt. An seinem 37. Geburtstag, dem 3. August 1546, wurde er auf der Place Maubert in Paris auf dem Scheiterhaufen verbrannt.

Für Dolets Zeitgenossen gab es keinen Zweifel an den Implikationen dieser drei fatalen Wörtchen *rien du tout*. Sie konnten, wie es im Urteil gegen ihn heißt, zeigen, dass der Satz aus seiner Übersetzung im Einklang mit »der Meinung der Sadduzäer und der Epikureer« (*conspirans opinioni Saducearum et Epicureorum*)[175] stand. Dolet selbst hatte seine Spuren nicht verwischt. In seinen *Kommentaren zur*

---

172 Zitiert nach: Étienne Dolet: *Carmina (1538)*. Lat./Frz. Übers., kommentiert und mit einer Einleitung versehen von Catherine Langlois-Pézeret. Genf (Droz) 2009, S. 233. Ficinos lateinische Übersetzung lautete: »Quoniam neque circa viventes est: hi vero qui obierunt, non sunt amplius. Itaque neque apud te est: nondum enim obiisti, neque si quid tibi accidat, est circa te futura. Non enim eris.«
173 Ebd., S. 220.
174 Zitiert nach: Richard Copley Christie: *Étienne Dolet: The Martyr of the Renaissance*. London (Macmillan) 1880, S. 446 (Übers. T.R.).
175 Zitiert nach: Étienne Dolet: *Carmina (1538)*. Lat./Frz. Übers., kommentiert und mit einer Einleitung versehen von Catherine Langlois-Pézeret. Genf (Droz) 2009, S. 220.

lateinischen Sprache wollte er auf keinen Fall unerwähnt lassen, dass er in Venedig dem begabten Humanisten Giovanni Battista Egnazio begegnet war, »dessen Vorlesungen über Ciceros *Pflichten* und über Lukrez ich selbst hörte.«[176]

Calvin zählte Dolet, kurz nach seiner Exekution, unter diejenigen, die »stets großtuerisch das Evangelium verachtet haben«, und die verlautbaren ließen, dass »sich das Leben der Seele [...] in keiner Weise von dem der Hunde und Schweine unterscheide.«[177] Auch einer von Calvins katholischen Erzfeinden, Gabriel Dupreau, setzte Dolet zusammen mit Lukrez und einigen anderen auf eine Liste berühmter Atheisten.[178] Zwei Figuren, die sich gegenseitig glühend hassten, konnten zumindest darin übereinkommen, dass die Hinrichtung Dolets eine glänzende Idee war.

Die Rückkehr des *De rerum natura* zeigt die Renaissance in ihrer radikalsten Form – nicht als eine anständige, gemäßigte Wiederherstellung klassischer Harmonie, sondern als eine absonderliche, beunruhigende Kampfansage an alles, was rechtgläubige Menschen für wahr hielten. Für den Großteil von zwei Jahrhunderten war die Rezeption des Werkes eine flüchtige, in der sich Furcht, Ablehnung, Heimlichkeit und Faszination vermischten. Einige eigenartige Figuren wie Dolet unternahmen Streifzüge in dieses unbekannte Territorium und entschieden sich gleichsam, sesshaft zu werden: Da war beispielsweise der Florentiner Dichter Luigi Pulci, dem ein christliches Begräbnis versagt bleiben sollte, weil er die Wirklichkeit von Wundern infrage stellte und die Seele als »nichts weiter als ein Pinienkern

---

176 Zitiert nach: Richard Copley Christie: *Étienne Dolet: The Martyr of the Renaissance*. London (Macmillan) 1880, S. 249 (Übers. T.R.).
177 Zitiert nach: Ebd., S. 463 f. (Übers. T.R.).
178 Vgl. ebd., S. 464.

in einem warmen Weißbrot«[179] beschrieb; oder der griechischstämmige Söldner, Gelehrte und Dichter Michele Marullo, der wunderschöne heidnische Hymnen schrieb und im Moment seines unzeitigen Todes einen gelehrten Stellenkommentar zu *De rerum natura* vorbereitete. Das aber waren die ungestümen Ausnahmen von der Regel der formellen und informellen Unterdrückung. »Hört, ihr Frauen«, predigte Savonarola im späten 15. Jahrhundert zu den Massen, »manche sagen, dass diese Welt aus Atomen gemacht ist, das heißt, aus winzig kleinen Partikeln, die durch die Luft fliegen.« Er kostete diese Absurdität aus und ermutigte seine Zuhörer, ihren Hohn laut zum Ausdruck zu bringen: »So lacht nun, ihr Frauen, über die Forschungen dieser gelehrten Männer.«[180]

Plumpes Gespött und staatliches Verbot deuten natürlich darauf hin, dass die verstörenden Ideen des Lukrez durchaus in Umlauf waren, wenn es auch ein Gebot der Klugheit war, Diskussionen über ihn weitgehend im Verborgenen zu halten. Genau zu der Zeit, als Savonarola seine Zuhörer aufwiegelte, den närrischen Atomisten zu verhöhnen, schrieb ein junger Florentiner Staatsbediensteter still und leise alle 7.400 Verse des *De rerum natura* ab. Wenn sich auch sein Einfluss in den berühmten Büchern, die der Staatsbedienstete noch schreiben sollte, nachweisen lässt, so wird das Lehrgedicht doch nirgends ausdrücklich erwähnt. Dazu war er zu schlau. Allerdings wurde seine Handschrift 1961 eindeutig identifiziert: Die Abschrift wurde von Niccolò Machiavelli angefertigt.

---

179 Luigi Pulci: *Sonetti extravaganti*. Hg. von Alessio Decaria. Florenz (Società Editrice Fiorentina) 2013, S. 78 (Übers. T.R.).
180 Zitiert nach: Alison Brown: *The Return of Lucretius to Renaissance Florence*. Cambridge (Mass.)/London (Harvard University Press) 2010, S. 49 (Übers. T.R.).

Machiavellis kluge Verschwiegenheit macht uns auf einen entscheidenden Charakterzug in der Wiedergeburt des Lukrez aufmerksam: Die frühen Reaktionen auf *De rerum natura* bezogen sich nicht direkt auf die wichtigsten Lehrsätze des Werkes. Es dauerte bis in das späte 16. Jahrhundert, also fast zweihundert Jahre nach der Entdeckung Poggios, bis Giordano Bruno es wagte, die Unendlichkeit des Universums, die beständige Rekombination der Materie, das Fehlen der Vorsehung und andere lukrezianische Eigenheiten als seine eigene Überzeugung zu verkünden. Für seine Arbeit wurde Bruno gefangen genommen, verhört, gefoltert und schließlich auf dem Campo de' Fiori auf dem Scheiterhaufen verbrannt.

Einer der Zeugen von Brunos Prozess, ein deutscher Katholik, notierte einige Worte, die der geängstigte, aber beharrliche Häretiker bei seiner Verurteilung und Exkommunikation gesprochen hat: »Er antwortete nur Folgendes, und zwar mit einer drohenden Stimme: Größere Furcht bewegt euch, dieses Urteil über mich zu fällen, als es mich bewegt, es anzunehmen.«[181] Bruno sollte recht behalten: Die Jahrhunderte nach seiner Hinrichtung sahen den endgültigen Triumph der Ideen des Lukrez über den Aristotelismus, der auf dem Konzil von Trient kanonisch geworden war, und sahen, wie sie zum Fundament eines modernen Weltverständnisses wurden. Es ist, als wäre mit Brunos Verurteilung die Debatte zwischen dem Polytheisten Caecilius und seinen christlichen Freunden wieder eröffnet worden und als wären Themen, die man erledigt geglaubt hatte, wieder auf die Tagesordnung gekommen.

---

181 Zitiert nach: Luigi Firpo: *Il processo di Giordano Bruno*. Hg. von Diego Quaglioni. Rom (Salerno Editrice) 1993, S. 351 (Übers. T.R.).

X.

Aber die Zeitspanne von etwa zweihundert Jahren, die zwischen der Wiederentdeckung des Textes 1417 und Brunos tödlicher Parteinahme für seine Grundsätze liegt, zeigt eine erhebliche konzeptionelle Distanz, selbst bei gleichem Gegenstand, zwischen Renaissance und früher Moderne. Nachdem Poggios Entdeckung das Werk des Lukrez wieder in Umlauf gebracht hatte, fand sich jahrzehntelang keine kluge Person, die vortrat und sagte: »Meiner Meinung nach besteht die Welt nur aus Atomen und Leere. Ich glaube, dass wir, Körper und Seele, eine unfassbar komplexe Struktur von auf Zeit miteinander verbundenen Atomen sind, die sich eines Tages auch wieder auflösen wird.« Niemand, der an Skandal und Empörung keinen Geschmack fand, bekannte offen: »Die Seele stirbt mit dem Körper. Nach dem Tod wird kein Gericht gehalten. Das Universum wurde nicht durch göttliche Kraft für uns geschaffen, und die ganze Vorstellung eines Lebens nach dem Tod ist eine abergläubische Wahnvorstellung.« Niemand, der in Frieden leben wollte, trat an die Öffentlichkeit und sagte: »Die Prediger, die uns in Angst und Schrecken zu kuschen heißen, sind Lügner. Gott interessiert sich nicht für unsere Handlungen. Obwohl die Natur schön und vertrackt ist, ist sie nicht das Werk eines umfassenden *Intelligent Design*. Worum wir uns kümmern sollten, ist der Genuss, denn der Genuss ist das höchste Ziel des Daseins.« Diese Inhalte konnten für die gesamte Dauer der Renaissance buchstäblich nicht toleriert werden.

Wie aber wurde das Unerträgliche überliefert? Darauf gibt es drei Antworten. Die erste hat mit den Lesestrategien der Konfrontation und der Vermeidung zu tun. Solche Strategien gab es bereits lang vor Poggios Entdeckung. Schlussendlich hatte das Gedicht nach dem Ende der Antike nur überlebt, weil es abgeschrieben und überliefert worden war, wenn auch in einem sehr beschränkten Kreis und unter dem ständigen Risiko, für immer zu verschwinden. David Butterfield, Michael Reeve und andere Lukrez-Spezialisten haben sorgsam die Belege zusammengetragen, dass Isidor von Sevilla im frühen 7. Jahrhundert und mehrere Autoren im 9. Jahrhundert, darunter Hrabanus Maurus, Mico von St. Riquier und ein anonymer Mönch aus St. Gallen, *De rerum natura* gelesen haben. Besonders bemerkenswert im Kontext einer Geschichte der Toleranz ist der Umstand, dass die epikureischen Ideen im Werk des Lukrez, die so heftige Kontroversen ausgelöst und zum Tod Giordano Brunos geführt hatten, bei den eben genannten Begegnungen keine Rolle spielten. Es ist, als wären die gefährlichsten Passagen einfach verschwunden, obwohl wir doch wissen, dass sie abgeschrieben und auch mit dem Rest des Gedichtes gelesen worden sind.

Isidor ist ein gutes Beispiel für das Rätsel. In seinem Werk *De natura rerum* (der Titel dürfte kaum Zufall sein) und erneut in den umfangreichen *Etymologien* bezieht er sich auf Lukrez zur Klärung der Frage, warum das Meer an Größe nicht zunimmt, während doch beständig die Flüsse und Ströme in das Meer fließen. Die Antwort dreht sich um Verdunstung, unter dem Einfluss von Wind und Sonne. Bei Lukrez aber dient dieses Phänomen als eine entscheidende Beobachtung für den Beleg der Atomtheorie: dass das Universum aus Partikeln besteht, die unvergänglich sind, dass sie sich ununterbrochen binden und lösen, dass es hierzu keiner Einmischung durch die Götter bedarf und sich von Vorsehung keine Spur finden lässt. Diese Theorie beunruhigte den frommen Christen Isidor offensichtlich nicht, sei es, weil sie so weit von seinem Weltverständnis entfernt war, dass er sie nicht begreifen konnte, sei es, weil sie ihm absurd erschien, sei es, weil seine Konzentration auf das Thema der Verdunstung ihn ignorieren ließ, was ihn gerade nicht interessierte.

Auch die Autoren des 9. Jahrhunderts zitierten Lukrez nicht, weil sie von seinen Ideen begeistert waren, sondern sie versuchten herauszufinden, wohin die Betonung bei bestimmten lateinischen Wörtern zu fallen hat. Diese Untersuchung war völlig losgelöst von der Bedeutung jener Hexameter, in der diese bestimmten Wörter fielen. Worauf es ankam, war vielmehr, dass das Gedicht von einem klassischen Autor geschrieben worden war, der bei der Unterscheidung von langen und kurzen Vokalen Autorität beanspruchen konnte.

Die Autoren der Renaissance stellten weiterhin Florilegien zusammen und versuchten, ihr Verständnis der klassischen Prosodie zu vertiefen. Als *De rerum natura* nach 1417 wieder in größerem Ausmaß zirkulierte, wurden seine Verse weiterhin für solche Zwecke exzerpiert und analysiert, aber nun war es Lesern mit ausreichender Kenntnis im Lateinischen und mit Interesse an der Antike möglich, die Verse auch etwas grundsätzlicher wertzuschätzen. Die Pflege von Exzerptenbüchlein trainierte solche Leser darin, individuelle Passagen – ein oder zwei Sätze oder einen einzelnen Absatz – auszuwählen, zu notieren und auswendig zu lernen. Auch die weitverbreitete Technik des Anmerkens in den Marginalien – flüchtige Kommentare, Unterstreichungen, Asterisken und gezeichnete Zeigefinger – verstärkte die Aufmerksamkeit für bestimmte isolierte Stellen, nicht so sehr die für größere Zusammenhänge. In einer ausgezeichneten Studie über die ersten Leser des Lukrez in der Renaissance hat Ada Palmer sorgfältig die Anmerkungen in den 54 erhaltenen Manuskripten von *De rerum natura* aus der Zeit nach 1417 sowie in den ersten vier gedruckten Ausgaben untersucht.¹⁸² Sie kam zu dem Ergebnis, dass die Leser der frühen Renaissance eine starke Tendenz hatten, nichts zum epikureischen Atomismus, zur Leugnung der Vorsehung oder zur Kritik der Religion anzumerken. Stattdessen brachten sie philologische Korrekturen an und kommentierten emsig den lateinischen und griechischen Wortschatz; sie spekulierten bezüglich des Versmaßes; sie machten sich Notizen über Naturgeschichte und römische Kultur. Vielleicht vermieden sie es wohlweislich, auf Passagen des Gedichtes aufmerksam zu machen, die den Zorn der orthodoxen Christen heraufbeschworen hätten; vielleicht aber überlasen sie solche Passagen auch einfach und vermieden so bewusst oder unbewusst Inhalte, die ihnen unangenehm, seltsam oder einfach närrisch vorkamen.

Die zweite Antwort, eng verwandt mit der ersten, hat mit einer Kulturtechnik zu tun, deren Rolle in der Geschichte der Toleranz selten ausreichend wertgeschätzt wird: Gelehrsamkeit. Gelehrte arbeiteten an dem Gedicht als an einem Text, dessen Weltanschauung im Grunde tot war, genauso tot wie die verstummten Orakel, genauso tot wie der Kult der heidnischen Götter, in die Flucht geschlagen von Christus. Es war nicht ihre Absicht, diese Welt zurück ins Leben zu rufen: Der Ausdruck »Renaissance«, mit dem Vasari die Leistungen der Künstler beschrieben hatte, führt in die Irre, wenn man ihn auf die humanistischen Gelehrten anwendet. Allerdings wollten sie den Fortbestand des toten Werkes sichern und die Leiche denen zugänglich machen, die sie vom sicheren Standpunkt der offenbarten Wahrheit aus betrachten wollten.

---

182 Vgl. Ada Palmer: *Reading Lucretius in the Renaissance*. Cambridge (Mass.)/London (Harvard University Press) 2014.

Im Kreis seiner Studenten hatte Pomponio Leto, einer der einflussreichsten und gelehrtesten Humanisten des 15. Jahrhunderts, für Jahrzehnte über dem Text des Lukrez gebrütet. Sein Zirkel, der sich selbst als *Accademia Romana* darstellte, stand im Verdacht des Heidentums. Schließlich wurde Leto *pontifex maximus* genannt, er und seine Anhänger nahmen griechische und lateinische Namen an, und sie feierten den Geburtstag des Romulus. Leto und andere aus seiner Gruppe wurden der Häresie und Sodomie angeklagt, festgenommen, verhört und gefoltert, aber sie verweigerten jegliches Schuldeingeständnis und wurden schließlich freigelassen.

Eine Randbemerkung von einem Leser aus diesem Kreis in einem Manuskript von *De rerum natura* führt in eine ganz andere Richtung als eine Anklage wegen Häresie. Die Glosse steht neben dem berühmten Proömium des Lukrez, einem ekstatischen Hymnus an Venus. Die Glosse richtet sich an den Dichter: »Wenn ein Gott sich von Gunst oder Zorn nicht rühren lässt, wieso rufst du dann Venus an, die deiner Meinung nach doch taub ist? Das passt nicht zu dir, sondern zu Leuten, die behaupten, dass die Gebete der Sterblichen die Götter rühren.«[183] Der Schreiber dieser Bemerkung bemüht also eines der Kernargumente des Gedichtes, dass nämlich die Götter, ganz ihrer eigenen, tiefen Lust hingegeben, sich um die abergläubischen Anrufungen der Menschen, die sich vergebens um ihre Gunst bemühen, nicht im Geringsten kümmern. Nachdem er dieses Argument verstanden hatte, ging der Leser des 15. Jahrhunderts zurück zu den Eröffnungsversen, um den offensichtlichen Widerspruch hervorzuheben. Der leicht

---

183 Zitiert nach: Michael Reeve, »Lucretius in the Middle Ages and early Renaissance: Transmission and Scholarship«. In: Stuart Gillespie (Hg.): *The Cambridge Companion to Lucretius*. Cambridge (Cambridge University Press) 2007, S. 205-213, hier S. 211 (Übers. T.R.).

spöttische oder bittere Zug der direkten Ansprache wird im weiteren Verlauf der Glosse von einer Spekulation über die Gründe abgelöst, warum Lukrez seiner eigenen philosophischen Überzeugung so seltsam widersprochen hat: »Wenn er sein Gedicht mit etwas Abstoßendem eröffnet hätte, hätte ihn vielleicht niemand gelesen. Dichter versuchen für gewöhnlich in ihren Proömien, den Leser zu erheben und zu ermutigen.« Das Proömium könnte also nicht mehr als ein rhetorischer Schachzug sein, um den Leser anzulocken, der den Gedankengang ansonsten kalt und frustrierend gefunden hätte. Dann aber, immer noch über die Eröffnungsverse nachgrübelnd, schlägt die Glosse noch eine andere Möglichkeit vor:

> Hier allerdings spricht er als ein Mensch, später dann als ein Wahnsinniger. Wenn wir annehmen, dass Venus die Ursache der Fortpflanzung ist, dann wäre es vernünftiger, ihr zu danken und sie zu preisen, als ihr mit Undankbarkeit zu begegnen, da wohl zu vermuten steht, dass sie ebenso sehr verletzen kann wie wohltuen.

Gott anbeten – selbst den falschen Gott, da Lukrez das Pech hatte, vor Christus zu leben – bedeutet, als ein menschliches Wesen zu sprechen. Die Behauptung, die das Gedicht später aufstellt, dass solche Gebete wertlos sind, weil die Götter sich nicht um die Menschen kümmern, ist wahnsinnig. Um das zu belegen, identifiziert die Glosse geschickt Venus mit der »Ursache der Fortpflanzung«, fasst sie also zugleich als ein Prinzip der Natur und als eine Gottheit, die ganz wie sie will den Menschen nutzen oder schaden kann. Eine solch mächtige Gottheit durch Schmeicheleien und Dankbarkeit gnädig zu stimmen, ist die »vernünftige« Vorgehensweise. Es ist kein Zufall, dass das auch die Vorgehensweise der Christen in ihrem Lobpreis des einen wahren Gottes ist.[184]

Nach dieser Glosse zu schließen waren die Gelehrten im Kreis um Pomponio Leto hochgebildete Leser des Lukrez. Sie konnten seine Argumente gut genug verstehen, um Dissonanzen zu bemerken und zu benennen. Aber sie waren immun dagegen, sich von Ideen anstecken zu lassen, die sie für wahnsinnig hielten. Indem sie ein ausgefeiltes Stützkonstrukt aus gelehrten Referenzen anbrachten, dessen Ziel es war, die Sprache und Metaphorik des Gedichtes verständlich zu machen, versetzten sie es in eine Art von Homöostase nach dem Tod. Das Stützkonstrukt umgab den Gedichtkörper vollständig, es schränkte ihn zugleich ein und erhielt ihn. Im Laufe des Jahrhunderts nach seiner Wiederentdeckung erschienen mehrere konkurrierende, gelehrte Editionen mit ausgefeilten Kommentaren.

Besonders nachdem der Text Eingang in die Schulen von Florenz gefunden hatte, wurden zornige Stimmen gegen die weite Verbreitung des Lukrez laut. Schlussendlich enthielt der Text Ideen, die man nicht tolerieren und gegen die vor allem die Jugend nicht ausreichend geimpft werden konnte. Aber er war bereits im Umlauf, und die Technik des Buchdrucks machte die Repression schwierig. Die Verleger und Drucker wiederum rechtfertigten ihre Unternehmungen mit einem Argument, das in eine etwas andere Richtung weist als die Nichtbeachtung der verstörenden Inhalte oder die Einkapselung in einen sicheren gelehrten Schutzapparat. So schrieb etwa Denys Lambin in seiner wegweisenden kommentierten Edition von 1563: »Obwohl das Gedicht und seine Glaubenssätze unserer Religion fremd sind, so ist es deshalb nicht weniger ein

---

184 Vgl. ebd.

Gedicht.«[185] Es ist nicht zu leugnen, dass Lukrez die Indifferenz der Götter behauptet, dass er die Wirksamkeit von Gebeten, die Unsterblichkeit der Seele und die Vorsehung leugnet, dass für ihn das Universum nur aus Atomen und Leere besteht, und dass er die Lust als das höchste Ziel aller empfindenden Wesen feiert. Aber das sind alles nur wahnsinnige Vorstellungen, die jeder Christ mit Leichtigkeit widerlegen oder ignorieren kann. Was wirklich zählt, ist, dass das Gedicht, in das er diese Vorstellungen einbettet, ein Meisterwerk von überwältigender Schönheit ist.

Lukrez selbst hat genau diesen Effekt vorweggenommen. Für seinen philosophischen Lehrer und Meister, Epikur, war die Beredsamkeit etwas Verdächtiges. Er fand, dass die Wahrheit in geradliniger, unverschnörkelter Rede ausgesagt werden sollte. Lukrez aber fertigte ein erstaunliches Kunstwerk an und rechtfertigte seine poetische Gewalt, indem er seine Verse mit dem Honig am Rand eines Bechers verglich, dessen Medizin ein Kranker sonst vielleicht nicht trinken würde. Es ist einfach, diese Metapher als eine Reduzierung der Kunst auf eine bloße Bemäntelung zu lesen, als einen Trick, um den ansonsten bitteren Trank zu versüßen. Aber die Geschichte, die wir nachverfolgt haben, und die Tatsache, dass fast das gesamte Werk Epikurs verloren ist, während *De rerum naura* erhalten blieb, legen auf den zweiten Blick eine tiefere Bedeutung der Metapher nahe – eine Bedeutung, die mit Lukrez' Interesse an der Frage zusammenhängt, warum bestimmte Formen des Lebens verschwinden, während andere über-

---

185 Titi Lucretii Cari: *De rerum natura libri sex*. A Dionysio Lambino […] emendati atque […] restituti et […] illustrati. Parisiis in Gulielmi Rouillij Et Philippi G. Rouillij Nep. aedibus. 1563, o. S. (fol. 3r) (Übers. T.R.). [Poema quidem ipsum propter sententias a religione nostra alienas, nihilominus poema est.]

dauern und sich fortpflanzen. Kunst und Überleben hängen zusammen.

Dieses Überleben weist uns auf eine weitere Kraft von Lukrez' Kunst hin. Die Erkenntnis, dass das Universum ausschließlich aus Atomen und Leere besteht, dass die Welt nicht von einem allwissenden Schöpfer für uns erschaffen wurde, dass wir nicht das Zentrum des Universums sind, dass unsere Emotionen und unsere Körper sich nicht von denen der Kreaturen ringsum unterscheiden, dass unsere Seelen ebenso materiell und sterblich sind wie unsere Körper – diese Erkenntnis der Natur der Dinge sollte, so dachte Lukrez, nicht mit einem Gefühl kalter Leere einhergehen und das Universum seiner Magie berauben. Der Ursprung der Philosophie, so wurde in der Antike oft gesagt, ist das Staunen: Überraschung und Verblüffung führten zur Wissbegierde, und das Wissen seinerseits setzte dem Staunen ein Ende. Aber in der Fassung des Lukrez verläuft dieser Prozess gleichsam andersherum: Das tiefste Staunen sollte gerade von dem Wissen um das Wesen der Dinge erweckt werden.

Die dichterische Größe von Lukrez' Werk ist mit Blick auf sein visionäres Projekt, die Wahrheit den Illusionsverkäufern zu entreißen, keine Nebensache. Warum, dachte er, sollten die Märchenerzähler ein Monopol auf jene Errungenschaften besitzen, die die Menschen erfunden haben, um der Lust und der Schönheit der Welt Ausdruck zu verleihen? Ohne diese Errungenschaften läuft diese unsere Welt Gefahr, ungastlich zu erscheinen, und um sich wohlzufühlen, werden die Menschen sich lieber Phantasien hingeben, selbst wenn diese Phantasien zerstörerisch sind. Mit der Hilfe der Dichtkunst aber kann die tatsächliche Natur der Dinge – eine endlose Zahl unzerstörbarer Partikel, die ineinander schlingern, sich verbinden, lebendig werden, sich trennen, sich fortpflanzen, sterben, sich erneuern und ein überwältigendes, stets sich wandelndes Universum erzeugen – in ihrer ganzen Pracht dargestellt werden.

Lukrez dachte, dass menschliche Wesen nicht jenen vergifteten Glauben in sich aufnehmen sollten, dass sie nur auf Zeit Teil dieser Welt sind und eigentlich irgendwo anders hin unterwegs sind. Dieser Glaube wird in ihnen nur eine destruktive Haltung gegenüber der Umwelt, in der sie dieses, ihr einziges Leben führen, erzeugen. Dieses Leben ist, wie alle anderen existierenden Formen des Universums, kontingent und verletzlich; alle Dinge, auch die Erde selbst, werden sich irgendwann auflösen und zu den basalen Atomen zerfallen, aus denen sie bestehen, und aus denen sich andere Dinge formen werden – ein endloser Tanz der Materie. Solange wir aber leben, sollten wir den tiefsten Genuss in uns aufsaugen, denn wir sind nur ein kleiner Teil in einem riesigen Prozess der Welterzeugung, den Lukrez als grundsätzlich erotisch gefeiert hat.

Auf diese Weise, als ein Dichter, als ein Schöpfer von Metaphern, konnte Lukrez etwas sehr Sonderbares tun, etwas, das seiner Überzeugung, die Götter seien taub für menschliche Gebete, zuwiderzulaufen scheint. *De rerum natura* eröffnet mit einem Gebet an Venus. Wir wissen nicht, wie die Mönche, die diese Verse abgeschrieben und vor der Zerstörung bewahrt haben, auf sie reagiert haben, wir wissen auch nicht, wie Poggio Bracciolini, der sie zumindest überflogen haben muss, als er das Gedicht dem Vergessen entriss, sie verstanden hat. Gewiss war so gut wie jeder Grundsatz des Gedichtes für die rechtgläubige christliche Orthodoxie eine Abscheulichkeit. Aber die Dichtkunst war bezwingend, verführerisch schön.

Mit der Lebhaftigkeit einer Halluzination können wir heute sehen, was zumindest ein großer englischer Dichter, ein Dichter von tiefer protestantischer Überzeugung, daraus gemacht hat. Dieser Dichter war Edmund Spenser, der sich auch an einer Übersetzung des *Axiochos* versucht hat. Die Übersetzung ist einigermaßen flach und eintönig. Nicht so aber seine Begegnung mit Lukrez, die seine Vorstellungskraft ganz offensichtlich in Flammen gesetzt hat:

Große Venus, Königin der Schönheit und Anmut,
der Menschen und der Götter Wonne, die unter dem
  Himmel
am schönsten strahlt und deinen Sitz schmückt,
mit deinem lächelnden Blick bringst du Frieden
dem tosenden Meer, und vertreibst die Stürme:
Dich, Göttin, fliehen die Winde, die Wolken des
  Himmels,
und wenn du deinen Mantel weithin breitest,
spielen die Wasser und die fröhliche Erde erscheint,
und die Himmel und die Welt lachen dir hell.

Dir sendet dann die vielgestaltig schöpferische Erde
Fülle der Blumen empor aus ihrem lieblichen Schoß;
und alle lebenden Wesen, kaum nämlich, dass die Pforte
des Frühlings aufgesprungen ist über den Wiesen,
lernen Liebe, ins Herz getroffen von deiner Kraft:
zuerst die fröhlichen Vögel, deine hübschen Diener,
im Innern von deiner lustvollen Macht durchstochen,
sie künden dich an aus ihren belaubten Sitzen,
und dich, Mutter, rufen sie, ihr sanftes Rasen zu kühlen.

Dann beginnen Wild und Vieh zu toben und zu spielen
in ihren lustigen Tänzen und der Begierde Nahrung zu
  suchen:
Die Löwen brüllen, die Tiger schreien laut,
die wilden Bullen stürmen über wuchernde Weiden
und brechen fort und schwimmen durch schwellende
  Ströme,
alle folgen sie dir, folgen dir begierig und willig.

So allen Kreaturen, die irgend lebendiges Blut besitzen, treibst du verführende Liebe ins Herz, senkst in sie den leidenschaftlichen Trieb, nach ihrer Art sich zu mehren.[186]

Das ist kein Ausdruck der Toleranz, wie Thomas Morus oder Locke sie verstanden wissen wollten. Wie wir gesehen haben, hätte sich Toleranz, die in dieser Zeit als Konzept insgesamt kaum präsent war, in jedem Falle nicht bis auf die Grundgedanken von *De rerum natura* erstreckt. Was in der Renaissance aber anstelle der Toleranz trat, war die künstlerische Anverwandlung. Diese Anverwandlung war durch den lebensverlängernden Kälteschlaf möglich gemacht worden, in den die humanistische Gelehrsamkeit das antike Werk gebettet hatte. In den gelehrten Editionen aber war das Werk ein stummer Kadaver geblieben. Wirklich lebendig wurde es nur in Augenblicken wie jenem, den wir gerade bei Spenser gesehen haben: das fremde Ding brillant mit dem neuen Körper vernäht, eine triumphale Wiedergeburt. Angesichts des Hasses und der Intoleranz, die den Ideen des Lukrez in der Renaissance entgegenschlug, könnte man diese Art der künstlerischen Vernähung auch als eine Art kultureller Transplantation von fremdem Gewebe bezeichnen – das heißt, nicht nur eine Transplantation innerhalb derselben Spezies, sondern etwas sehr viel Radikaleres, Verstörenderes. Die großen Künstler der Renaissance – der Spenser jener Venushymne, die Gemälde Piero di Cosimos, der Milton der »embryon atoms« im Chaos – waren Meister nicht der Toleranz, sondern Meister der ideenrettenden und lebensrettenden Transplantation.

---

186 Edmund Spenser: *Faerie queene.* A poem in six books. Hg. von Thomas J. Wise. Bd. 4. London (George Allen) 1896, S. 1005 f. = 4:10:44-46 (Übers. T. R.).

Coda

Der in Oxford ausgebildete puritanische Polemiker William Prynne war ein militanter Gegner der Church of England und anderer Institutionen und Praktiken, die er als sündig und korrupt einschätzte. Als Gegenstand besonders heftiger Attacken erwählte er genau das, was heute viele als den höchsten Ruhm seiner Kultur und Zeit einschätzen, das Theater.

Bühnenwerke, so Prynne, sind ihrer Natur gemäß profan und müssen notwendigerweise »jedem Christen verhasst, unschicklich, ja völlig verbrecherisch«[187] erscheinen. Die Theater, so gab er seinen Lesern dringend zu verstehen, sind heidnische Tempel, die der Teufel selbst mitten im Herzen des christlichen London gebaut hat. An ganz gewöhnlichen Nachmittagen kommen dort Männer und Frauen zusammen, um sich an »all den widerlichen Anzüglichkeiten, an den hassenswerten, unvergleichlichen Gottlosigkeiten, die Männer oder Teufel entweder wirklich verübt oder aber erfunden und verbreitet haben«[188], zu erfreuen. Natürlich werde dort Jupiter verehrt und mit ihm »Inzest, Vergewaltigung, Unzucht, Liebeshändel, Sodomie, Mord und Betrug, unbegrenzt und unübertroffen«[189]. So geht es auch mit Venus und ihren Betrügereien. Aber es sind nicht nur die heidnischen Götter, die die Anbetung eines erschreckend verblendeten Volkes genießen. Geradezu die Gesamtheit der Gottheiten, die im antiken Rom verehrt wurden, wurde von der Kraft der Dichter und Schauspieler wieder zum Leben erweckt. Wer kann sie alle zählen, fragt der wutschnaubende Prynne, all die-

---

187 William Prynne: *Histriomastix: The Player's Scourge, or Actor's Tragedy* […]. London (Michael Sparke) 1633, S. 220f. (Übers. T.R.).
188 Ebd., S. 92 (Übers. T.R.).
189 Ebd., S. 88 (Übers. T.R.).

se »Handlungen, Zeremonien, Anzüglichkeiten von Juno, Bacchus, Cupido, Priapus, Mars, Serapis, Attis, Flora, der Göttermutter oder dem Rest dieser höllischen Truppe, die so häufig die Theater besuchen?«[190]

Prynne war unmäßig und unbändig, aber er war mehr als nur ein Miesepeter. Er hatte eine Ausbildung in Oxford und im Lincoln's Inn genossen und war, auf seine Art, kulturell auf der Höhe. Er bemerkte, dass in der Kunst seiner Zeit etwas vor sich ging, das gegen die christlichen Praktiken und Prinzipien verstieß, die seiner Meinung nach jedermann strikt zu befolgen hatte. Er schaute sich um und sah zu seinem Schrecken, dass Serapis erneut Kusshände zugeworfen wurden.

---

190 William Prynne: *Histriomastix: The Player's Scourge, or Actor's Tragedy* […]. London (Michael Sparke) 1633, S. 92 (Übers. T.R.).

Literatur

Augustinus: *Scriptorum contra Donatistas pars I*. Hg. von M. Petschenig (= CSEL 51). Wien (Tempsky) 1908.

Augustinus: *Ausgewählte Briefe*. Übers. von Alfred Hoffmann. Bd. 1 (= Des heiligen Kirchenvaters Aurelius Augustinus ausgewählte Schriften Bd. 9, = Bibliothek der Kirchenväter, 1. Reihe, Bd. 29). München (Kösel) 1917.

Bainton, Roland H.: *Sebastian Castellio and the Toleration Controversy of the Sixteenth Century*. In: *Persecution and Liberty. Essays in honor of George Lincoln Burr*. New York (The Century Co.) 1931, 183-209.

Bainton, Roland H.: *Hunted Heretic. The Life and Death of Michael Servetus*. Boston (Beacon Press) 1953.

Bainton, Roland H.: *Early and medieval Christianity*. Boston (Beacon Press) 1962.

Barton, Carlin A. und Daniel Boyarin: *Imagine No Religion: How Modern Abstractions Hide Ancient Realities*. New York (Fordham University Press) 2016.

Braght, T.J. van: *A martyrology of the churches of Christ commonly called Baptists during the era of the Reformation*. Hg. von Edward Bean Underhill. Bd. 2. London (Society) 1853.

Brown, Alison: *The Return of Lucretius to Renaissance Florence*. Cambridge (Mass.)/London (Harvard University Press) 2010.

Castellio, Sebastian: *Concerning Heretics: Whether They Are to Be Persecuted and How They Are to Be Treated: a Collection of the Opinions of Learned Men Both Ancient and Modern*. Hg. und übers. von Roland H. Bainton. New York (Columbia University Press) 1935.

Christie, Richard Copley: *Étienne Dolet: The Martyr of the Renaissance*. London (Macmillan) 1880.

Cicero: *De natura deorum / Vom Wesen der Götter*. Lat./

Dt. Hg., übers. und erläutert von Wolfgang Gerlach und Karl Bayer. München/Zürich (Artemis) 1987.
Clemens von Alexandrien: *Teppiche. Wissenschaftliche Darlegungen entsprechend der wahren Philosophie*. Übers. von Otto Stählin. Bd. 1 = Bibliothek der Kirchenväter, 2. Reihe, Bd. 17. München (Kösel) 1936.
Clemens von Alexandrien: *Teppiche. Wissenschaftliche Darlegungen entsprechend der wahren Philosophie*. Übers. von Otto Stählin. Bd. 2 = Bibliothek der Kirchenväter, 2. Reihe, Bd. 19. München (Kösel) 1937.
Diogenes Laertius: *Leben und Meinungen berühmter Philosophen*. Hg. von Klaus Reich, übers. von Otto Apelt. 2 Bde. Hamburg (Felix Meiner) 2008.
Dolet, Étienne: *Carmina (1538)*. Lat./Frz. Übers., kommentiert und mit einer Einleitung versehen von Catherine Langlois-Pézeret. Genf (Droz) 2009.
Ebener, Dietrich (Hg. u. Übers.): *Die Griechische Anthologie*. 3 Bde. Berlin/Weimar (Aufbau) 1981.
Epiphanius von Salamis: *The Panarion*. Book I (Sects 1-46). Übers. von Frank Williams (= Nag Hammadi Studies XXXV). Leiden u.a. (Brill) 1987.
Eshel, Hanan: *The Bar Kochba Revolt, 132-135*. In: *The Cambridge History of Judaism. Bd. 4: The Late Roman-rabbinic Period*, hg. von Steven T. Katz. Cambridge (Cambridge University Press) 2006.
Eusebius von Caesarea: *Kirchengeschichte*. Übers. von Philipp Haeuser. Mit einem Geleitwort von Andreas Bigelmair. München (Kösel) 1932.
Felix, Minucius: *Octavius*. Lat./Dt. Hg., übers. und eingeleitet von Bernhard Kytzler. München (Kösel) 1965.
Firpo, Luigi: *Il processo di Giordano Bruno*. Hg. von Diego Quaglioni. Rom (Salerno Editrice) 1993.
Floridi, Luciano: *Sextus Empiricus. The Transmission and*

Recovery of Pyrrhonism. Oxford/New York (Oxford University Press) 2002.

Flower, Harriet I.: *The Dancing Lares and the Serpent in the Garden: Religion at the Roman Street Corner*. Princeton/Oxford (Princeton University Press) 2017.

Gilhus, Ingvild Sælid: *»... you have dreamt that our God is an ass's head«: Animals and Christians in Antiquity*. In: *Kontinuitäten und Brüche in der Religionsgeschichte*, hg. von Michael Stausberg. Berlin (de Gruyter) 2001.

Gillespie, Stuart (Hg.): *The Cambridge Companion to Lucretius*. Cambridge (Cambridge University Press) 2007.

Goethe, Johann Wolfgang: *Sprüche in Prosa. Sämtliche Maximen und Reflexionen*. Hg. von Harald Fricke (= Sämtliche Werke, Briefe, Tagebücher und Gespräche Abt. I, Bd. 13). Frankfurt a.M. (Deutscher Klassiker Verlag) 1993.

Gruen, Erich S. : *The Bacchanalian Affair*. In: ders.: *Studies in Greek Culture and Roman Policy*. Berkeley (University of California Press) 1990.

Irenaeus von Lyon: *Epideixis. Adversus Haereses. Darlegung der apostolischen Verkündigung. Gegen die Häresien I*. Gr.-Lat./Dt. Übers. und eingeleitet von Norbert Brox (= Fontes Christiani 8/1). Freiburg u.a. (Herder) 1993.

Irenaeus von Lyon: *Adversus Haereses. Gegen die Häresien III*. Lat./Dt. Übers. und eingeleitet von Norbert Brox (= Fontes Christiani 8/3). Freiburg u.a. (Herder) 1995.

Irenaeus von Lyon: *Adversus Haereses. Gegen die Häresien V*. Lat./Dt. Übers. und eingeleitet von Norbert Brox (= Fontes Christiani 8/5). Freiburg u.a. (Herder) 2001.

Juvenal: *Satiren*. Lat./Dt. Hg., übers. und mit Anmerkungen versehen von Joachim Adamietz. München (Artemis & Winkler) 1993.

Laktanz: *De ira dei liber. Vom Zorne Gottes.* Lat./Dt. Eingeleitet, hg., übertragen und erläutert von H. Kraft und A. Wlosok. Darmstadt (WBG) 1974.

Laktanz: *De Mortibus Persecutorum. Die Todesarten der Verfolger.* Lat./Dt. Übers. und eingeleitet von Alfons Städele (= Fontes Christiani Bd. 43). Turnhout (Brepols) 2003.

Latour, Bruno: *An Attempt at a »Compositionist Manifesto«.* In: *New Literary History* 41 (2010).

Lenski, Noel: *The Significance of the Edict of Milan.* In: *Constantine. Religious Faith and Imperial Policy*, hg. von A. Edward Siecienski. London/New York (Routledge) 2017.

Linder, Amnon: *The Legal Status of the Jews in the Roman Empire.* In: *The Cambridge History of Judaism. Bd. 4: The Late Roman-rabbinic Period*, hg. von Steven T. Katz. Cambridge (Cambridge University Press) 2006.

Livius: *Römische Geschichte. Buch XXXIX-XLI.* Lat./Dt. Hg. von Hans Jürgen Hillen. München (Artemis) 1993.

Locke, John: *Ein Brief über Toleranz.* Engl./Dt. Übers., eingeleitet und in Anmerkungen erläutert von Julius Ebbinghaus. Hamburg (Felix Meiner) 1957.

Locke, John: *Epistola de Tolerantia.* Lat./Engl. Hg. und übers. von Raymond Klibansky und John Wiedhofft Gough. Oxford (Clarendon Press) 1968.

Lukrez: *Titi Lucretii Cari de Rerum Natura Libri Sex.* A Dionysio Lambino [...] emendati atque [...] restituti et [...] illustrati. Parisiis in Gulielmi Rouillij Et Philippi G. Rouillij Nep. aedibus. 1563.

Lukrez: *Über die Natur der Dinge.* Neu übers. und reich kommentiert von Klaus Binder. Berlin (Galiani) 2014.

Luther, Martin: *Hauspostille.* Hg. von Johann Georg Plochmann. 2. Bd. Erlangen (Heyder) 1826.

Luther, Martin: *Werke. Weimarer Ausgabe, Abteilung 1: Schriften. Bd. 17.2: Fastenpostille 1525; Roths Festpostille 1527*. Weimar (Böhlau) 1927.

Macrobius: *Tischgespräche am Saturnalienfest*. Eingeleitet, übers. und mit Anmerkungen versehen von Otto und Eva Schönberger. Würzburg (Königshausen & Neumann) 2008.

Mathews, Thomas F. : *The Dawn of Christian Art in Panel Paintings and Icons*. Los Angeles (J. Paul Getty Museum) 2016.

Mellor, Ronald: *The Historians of Ancient Rome. An Anthology of the Major Writings*. London/New York (Routledge) 1997.

Morus, Thomas: *A Dialogue Concerning Heresies* (= The Complete Works of St. Thomas More, Bd. 6). Hg. von Thomas M.C. Lawler, Germain Marc'hadour und Richard C. Marius. New Haven/London (Yale University Press) 1981.

Morus, Thomas: *Utopia*. Lat./Dt. Übers. von Gerhard Ritter, mit einem Nachwort von Eberhard Jäckel. Stuttgart (Reclam) 2012.

Paine, Thomas: *Die Rechte des Menschen. Eine Antwort auf Herrn Burke's Angriff gegen die Französische Revolution*. Übers. von Meta Forkel-Liebeskind. Berlin (Vossische Buchhandlung) 1792.

Palmer, Ada: *Reading Lucretius in the Renaissance*. Cambridge (Mass.)/London (Harvard University Press) 2014.

Philo von Alexandria: *Die Werke in deutscher Übersetzung*. Hg. von Leopold Cohn, Isaak Heinemann, Maximilian Adler und Willy Theiler. Bd. VII. Berlin (de Gruyter) 1964.

Platon: *Laches und Euthyphron*. Übers. und erläutert von Gustav Schneider, hg. von Benno von Hagen. Leipzig

(Felix Meiner) 1922, unveränderter Nachdruck Hamburg 2004.

Platon: *Hippias I/II, Ion*. Übers. und erläutert von Otto Apelt. Leipzig (Felix Meiner) 1935, unveränderter Nachdruck Hamburg 2004.

Platon: *Menon oder über die Tugend*. Übers. und erläutert von Otto Apelt. Leipzig (Felix Meiner) o.J., unveränderter Nachdruck Hamburg 2004.

Ps.-Platon: *Über den Tod*. Gr./Dt. Eingeleitet, übers. und mit interpretierenden Essays versehen von Irmgard Männlein-Robert et al. Tübingen (Mohr Siebeck) 2012.

Plinius Secundus d. Ä.: *Naturkunde. Buch XXVIII. Medizin und Pharmakologie: Heilmittel aus dem Tierreich*. Lat./Dt. Hg. und übers. von Roderich König in Zusammenarbeit mit Gerhard Winkler. München/Zürich (Artemis) 1988.

Plinius Secundus d.J.: *Briefe*. Lat./Dt. Hg. und übers. von Helmut Kasten. München/Zürich (Artemis) 1984.

Prynne, William: *Histriomastix: The Player's Scourge, or Actor's Tragedy* [...]. London (Michael Sparke) 1633.

Pulci, Luigi: *Sonetti extravaganti*. Hg. von Alessio Decaria. Florenz (Società Editrice Fiorentina) 2013.

Quintilian: *Institutio oratoria X/Lehrbuch der Redekunst 10. Buch*. Lat./Dt. Übers., kommentiert, eingeleitet und hg. von Franz Loretto. Stuttgart (Reclam) 2000.

Reeve, Michael: »Lucretius in the Middle Ages and early Renaissance: Transmission and Scholarship«. In: Stuart Gillespie (Hg.): The Cambridge Companion to Lucretius. Cambridge (Cambridge University Press) 2007, S. 205-213.

Schäfer, Peter: *Judeophobia. Attitudes Toward the Jews in the Ancient World*. Cambridge (Mass.) (Harvard University Press) 1997.

Schneemelcher, Wilhelm (Hg.): *Neutestamentliche Apokry-*

phen in deutscher Übersetzung. II. Bd.: Apostolisches, Apokalypsen und Verwandtes. Tübingen (Mohr) 1989.

Spenser, Edmund: *Faerie queene.* A poem in six books. Hg. von Thomas J. Wise. Bd. 4. London (George Allen) 1896.

Statius: *Thebais/Die Sieben gegen Theben.* Lat./Dt. Eingeleitet, übers. und erläutert von Hermann Rupprecht. Mitterfels (Stolz) 2000.

Tacitus: *Historien.* Lat./Dt. Hg. von Joseph Borst unter Mitarbeit von Helmut Hross und Helmut Borst. München/Zürich (Artemis) 1984.

Terenz: *Komödien.* Bd. II. Lat./Dt. Hg., übers. und kommentiert von Peter. Rau. Darmstadt (Wissenschaftliche Buchgesellschaft) 2012.

Tertullian: *Apologeticum. Verteidigung des Christentums.* Lat./Dt. Hg., übers. und erläutert von Carl Becker. München (Kösel) 1952.

Thomas von Aquin: *Die deutsche Thomas-Ausgabe: vollständige, ungekürzte deutsch-lateinische Ausgabe der Summa Theologica.* Übers. von Dominikanern und Benediktinern Deutschlands und Österreichs, hg. von der Albertus-Magnus-Akademie Walberberg bei Köln. Bd. 15: Glaube als Tugend: II – II, 1-16. Heidelberg u.a. (Gemeinschaftsverlag) 1950.

Vergil: *Aeneis.* Lat./Dt. Hg. und übers. von Edith und Gerhard Binder. Stuttgart (Reclam) 2008.

Williams, Bernard: *Toleration: An Impossible Virtue?* In: *Toleration: An Elusive Virtue*, hg. von David Heyd. Princeton (Princeton University Press) 1998.

Zagorin, Perez: *How the Idea of Religious Toleration Came to the West.* Princeton (Princeton University Press) 2003.

Die Bibel wird (mit üblichen Kürzeln direkt im Text) zitiert nach: *Die Bibel. Einheitsübersetzung der Heiligen*

Schrift. Gesamtausgabe, im Auftrag der Deutschen Bischofskonferenz, der Österreichischen Bischofskonferenz, der Schweizer Bischofskonferenz u.a., vollständig durchgesehene und überarbeitete Ausgabe (Katholische Bibelanstalt) Stuttgart 2016.